할 수 있다!

스마트폰을 활용한
여행 즐기기

윤찬혜 저

이 책의 구성

01 여행 계획 세우기

- [대한민국 구석구석] 앱 설치하기
- [대한민국 구석구석] 앱에서 주변 관광지 찾아보기
- [대한민국 구석구석] 앱에서 관광 코스 구성하기
- [카카오톡] 앱에서 [외교부 영사콜센터] 채널 추가하기
- [외교부 영사콜센터]에서 해외 여행 정보 확인하기

미/리/보/기

여행은 계획을 세우는 것에서부터 시작됩니다. 이번 장에서는 스마트폰을 활용해 여행 계획을 세우고 여행 관련 앱을 설치하는 방법을 살펴봅니다. 또 우리가 자주 사용하는 카카오톡 앱에 '외교부 영사콜센터' 채널을 추가해 해외여행과 관련한 상담 및 안전여행 정보를 확인하는 방법을 알아봅니다.

학습 포인트 ✎
이번 장에서 학습할 핵심 내용을 소개합니다.

미리보기 ✎
학습 결과물을 미리 살펴봅니다.

✎ **따라하기**
과정을 순서대로 따라해보며 쉽게 기능을
습득할 수 있습니다.

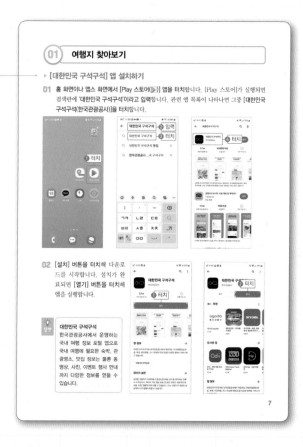

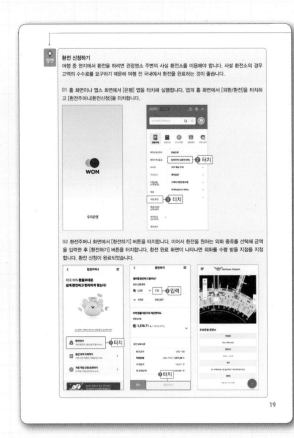

잠깐 📝
본문에서 다루지 못한 내용이나 알아두면 유
용한 내용을 설명합니다.

참고

대한민국 구석구석 및 네이버 지도 등의 앱은
서비스 품질 향상과 개인정보 보호 등의 명목으
로 정기적인 앱 업데이트를 진행하고 있습니다.
업데이트 시 콘텐츠와 디자인 등이 변경되어 학
습 시점의 화면과 교재가 다를 수도 있습니다.

📝 응용력 키우기

응용 문제를 통해 본문에서 학습한 내용을 정리
하고 복습합니다.

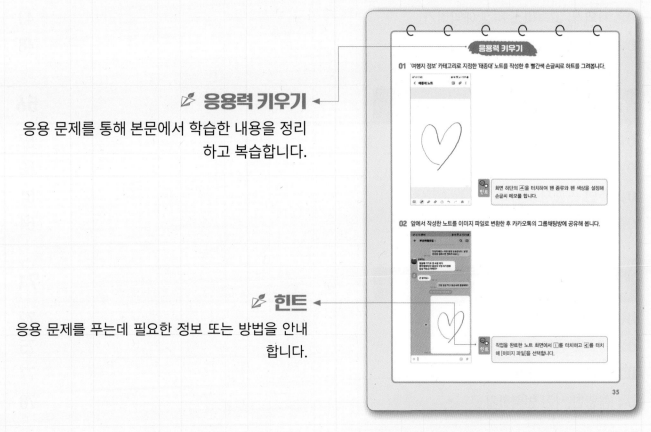

📝 힌트

응용 문제를 푸는데 필요한 정보 또는 방법을 안내
합니다.

이 책의 목차

01 여행 계획 세우기

- [대한민국 구석구석] 앱 설치하기
- [대한민국 구석구석] 앱에서 주변 관광지 찾아보기
- [대한민국 구석구석] 앱에서 관광 코스 구성하기
- [카카오톡] 앱에서 [외교부 영사 콜센터] 채널 추가하기
- [외교부 영사콜센터]에서 해외 여행 정보 확인하기

미/리/보/기

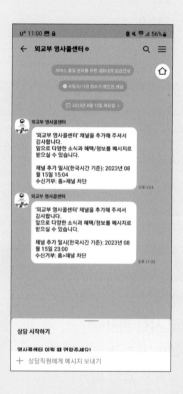

여행은 계획을 세우는 것에서부터 시작됩니다. 이번 장에서는 스마트폰을 활용해 여행 계획을 세우고 여행 관련 앱을 설치하는 방법을 살펴봅니다. 또 우리가 자주 사용하는 카카오톡 앱에 '외교부 영사콜센터' 채널을 추가해 해외여행과 관련한 상담 및 안전여행 정보를 확인하는 방법을 알아봅니다.

01 여행지 찾아보기

▶ [대한민국 구석구석] 앱 설치하기

01 홈 화면이나 앱스 화면에서 [Play 스토어(▶)] 앱을 터치합니다. [Play 스토어]가 실행되면 검색란에 '대한민국 구석구석'이라고 입력합니다. 관련 앱 목록이 나타나면 그중 [대한민국 구석구석(한국관광공사)]을 터치합니다.

02 [설치] 버튼을 터치해 다운로드를 시작합니다. 설치가 완료되면 [열기] 버튼을 터치해 앱을 실행합니다.

잠깐

대한민국 구석구석
한국관광공사에서 운영하는 국내 여행 정보 포털 앱으로 국내 여행에 필요한 숙박, 관광명소, 맛집 정보는 물론 동영상, 사진, 이벤트 행사 안내까지 다양한 정보를 얻을 수 있습니다.

03 앱 접근 권한 안내 화면이 나타나고 [확인] 버튼을 터치합니다. 이어서 위치 정보, 사진 등의 액세스 허용 여부를 묻는 창이 나타나면 **차례로 [앱 사용 중에만 허용]을 터치**합니다. [대한민국 구석구석] 앱이 실행됩니다.

▶ 주변 관광지 찾아보기

01 여행지 주변 정보를 얻기 위해 **화면 하단의 [여행지도]를 터치**합니다. 지도 화면이 나타나고 현재 위치 주변의 관광지, 맛집, 문화시설 등이 표시됩니다.

02 화면 상단의 ⬚을 터치해 설정 창이 나타나고 [주변 여행지] 영역에서 [관광지] 버튼을 [조회기준] 영역에서 [거리순] 버튼을 선택하고 [설정완료] 버튼을 터치합니다.

03 지도에 나의 현재 위치와 거리가 가까운 순으로 관광지가 검색됩니다. **가장 가까운 관광지를 터치**하고 관광지 안내 창이 나타나면 **관광지명을 한 번 더 터치**합니다. 선택한 관광지의 상세 정보를 확인할 수 있습니다.

나만의 투어 구성하기

01 [대한민국 구석구석] 앱을 실행한 후 홈 화면의 ☰를 터치합니다. 이어서 [로그인 하세요]를 터치합니다.

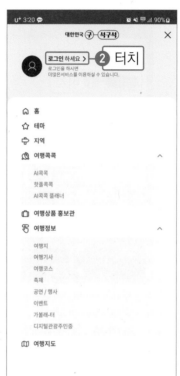

02 대한민국 구석구석 통합 로그인 창이 나타나면 [TOUR ONE PASS 로그인] 버튼을 터치합니다. 본인이 가입되어 있는 SNS 중 하나를 선택하여 해당 계정으로 로그인합니다.

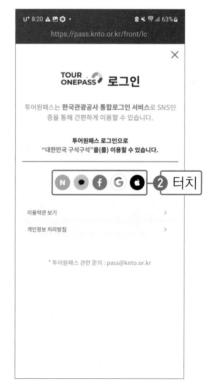

03 다시 홈 화면으로 돌아와 ≡를 터치합니다. 이어서 [마이페이지] 버튼을 터치합니다.

04 화면을 위로 스크롤해 [나의활동] 영역에서 [코스]를 터치합니다.

05 [코스]에 새로운 코스를 추가하기 위해 **[코스만들기] 버튼을 터치**하고, 코스만들기 창이 나타나면 '**부산맛집여행**'이라고 입력한 후 **[확인] 버튼을 터치**합니다.

06 이어서 [부산맛집여행]의 코스에 여행지를 추가하기 위해 **화면 상단의 검색란을 터치**하고 '**부산 여행**'을 입력해 검색합니다.

07 화면을 위·아래로 스크롤해 여행지를 살펴보고 추가하고 싶은 여행지가 있으면 **여행지의** ⋮를 터치한 후 [코스에 담기]를 선택합니다.

08 코스 선택 창에서 [부산맛집여행]의 [선택] 버튼을 터치합니다. 완료 창이 나타나면 [확인] 을 터치합니다.

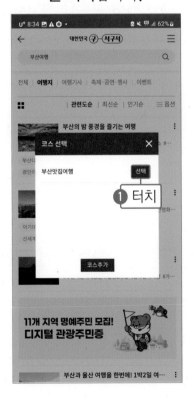
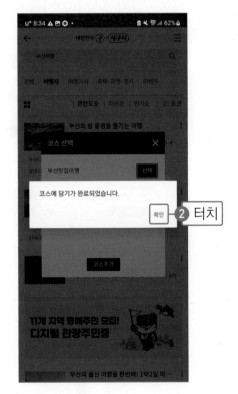

▶ 코스 확인 및 편집하기

01 추가한 코스를 확인하기 위해 앱의 홈 화면에서 ☰를 터치합니다. 이어서 [마이페이지] 버튼을 터치합니다.

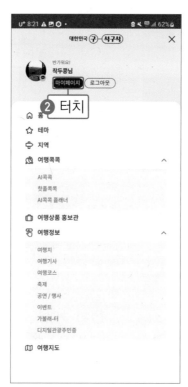

02 화면을 위로 스크롤해 [나의활동] 영역에서 [코스]를 터치하면 추가한 여행 코스를 확인할 수 있습니다. [부산맛집여행]을 터치합니다.

03 [부산맛집여행] 코스에서 **삭제하고 싶은 여행지가 있다면** ⋮ 를 터치합니다. 메뉴 창이
나타나고 **[삭제]**를 터치합니다. 완료 창이 나타나면 **[확인]**을 터치합니다.

⋮은 여행지의 순서를 변경하거나 삭제 등 여행 코스 편집을 도와줍니다.

04 [부산맛집여행] 코스의 **총 코스 거리와 여행지가 변경**되었습니다. 위와 같은 방법으로 나
만의 코스를 만들어 봅니다.

확인

잠깐

[트리플(TRIP)] 앱에서 해외여행 정보 찾기

해외여행과 관련한 정보는 [트리플] 앱을 통해 손쉽게 찾을 수 있습니다. [Play 스토어] 앱에서 앱을 설치한 후 다음 과정을 참고합니다.

01 홈 화면이나 앱스 화면에서 [트리플] 앱을 터치하여 실행합니다.

02 본인이 가입한 SNS 중 하나를 선택하여 로그인하고 홈 화면 상단의 검색을 터치합니다.

03 원하는 여행지를 입력하여 검색합니다. 호텔, 관광, 맛집 등 다양한 정보를 살펴볼 수 있습니다.

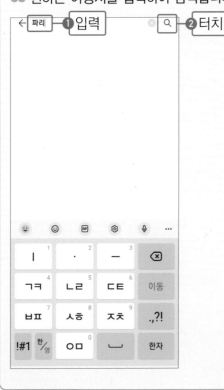

03 외교부 영사콜센터 확인하기

01 해외여행을 계획 중이라면 무엇보다 여행 국가의 상황을 살펴보는 것이 중요합니다. 해외 안전 여행 정보를 얻기 위해 홈 화면이나 앱스 화면에서 [카카오톡(💬)] 앱을 터치하여 실행합니다. 친구 화면 상단의 🔍을 터치합니다.

02 검색란을 터치한 후 '외교부 영사콜센터'라고 입력하면 카카오톡 채널 중 '외교부 영사콜센터'가 검색됩니다. 💬를 터치하고 외교부 영사콜센터 창이 나타나면 [채널 추가] 버튼을 터치합니다.

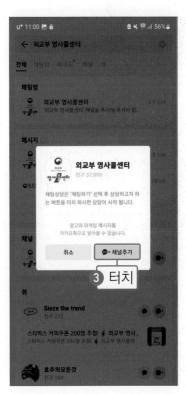

03 [외교부 영사콜센터]로부터 해외 안전여행에 관한 다양한 도움을 받을 수 있다는 카카오톡 메시지가 옵니다. 상담원과 연결을 원한다면 **[상담 시작하기]** 버튼을 터치한 후 **[상담원 연결]**을 터치합니다.

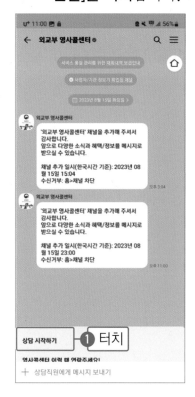

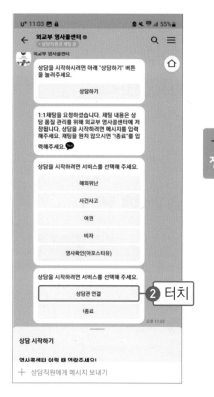

잠깐

외교부 영사콜센터

외교부는 2020년 11월부터 우리 국민이 널리 사용하고 있는 [카카오톡] 앱으로 영사콜센터 상담 서비스를 제공하고 있습니다. 영사콜센터에서는 해외 사건, 사고 및 여권, 비자 등 해외 체류 중 발생한 다양한 문제에 대해 도움을 요청하고 받을 수 있습니다.

04 해외여행 국가와 관련한 자세한 여행 정보를 알기 위해 **외교부 영사콜센터 채팅방**의 🏠를 터치합니다. [외교부 영사콜센터] 채널의 홈 화면이 나타나면 **하단의 홈페이지 링크**를 터치합니다. [외교부 해외안전여행] 웹 페이지 화면이 나타납니다.

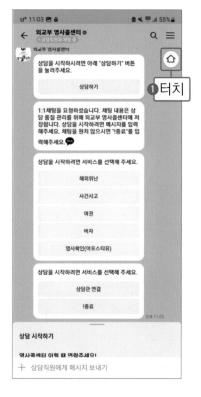

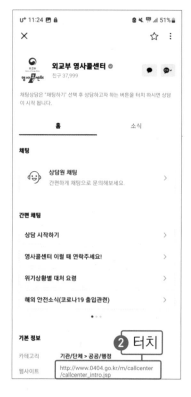

잠깐!

환전 신청하기

여행 중 현지에서 환전을 하려면 관광명소 주변의 사설 환전소를 이용해야 합니다. 사설 환전소의 경우 고액의 수수료를 요구하기 때문에 여행 전 국내에서 환전을 완료하는 것이 좋습니다.

01 홈 화면이나 앱스 화면에서 [은행] 앱을 터치해 실행합니다. 앱의 홈 화면에서 [외환/환전]을 터치하고 [환전주머니(환전신청)]을 터치합니다.

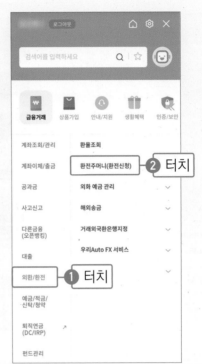

02 환전주머니 화면에서 [환전하기] 버튼을 터치합니다. 이어서 환전을 원하는 외화 종류를 선택해 금액을 입력한 후 [환전하기] 버튼을 터치합니다. 환전 완료 화면이 나타나면 외화를 수령 받을 지점을 지정합니다. 환전 신청이 완료되었습니다.

응용력 키우기

01 [대한민국 구석구석(∞)] 앱에서 '군산당일코스'를 검색해 여행 정보를 살펴봅니다.

02 외교부 영사콜센터 채팅방에서 '현지 상세 소식'에 대해 알아봅니다.

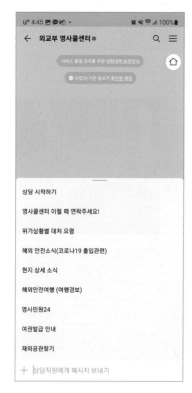

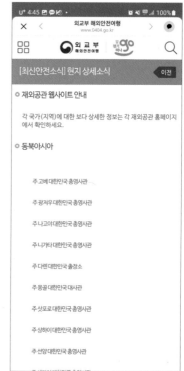

여행 일정 공유하기

- [Samsung Notes] 앱에서 여행 노트 만들기
- [카카오톡] 앱에서 그룹채팅방 만들고 설정하기
- 여행 노트를 PDF 파일로 변환해 공유하기

미 / 리 / 보 / 기

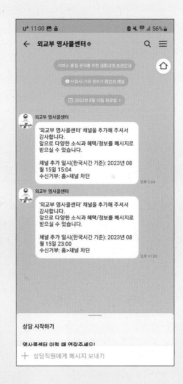

여행지를 정했다면 이제 구체적인 여행 일정을 세워야 합니다. 이번 장에서는 여행 일정을 노트에 작성해 보고 편집하는 방법을 알아봅니다. 또 작성한 노트를 카카오톡 앱으로 친구들과 공유하는 방법도 살펴보며 즐거운 여행 일정을 만들어 봅니다.

여행 노트 작성하기

▶ 카테고리 추가 및 노트 만들기

01 여행 일정을 노트에 작성하기
위해 홈 화면이나 앱스 화면에
서 [Samsung Notes(🔲)] 앱을
터치하여 실행합니다. 노트가
실행되면 ⬚를 터치해 새 노
트를 추가합니다.

02 여행과 관련된 노트만 따로 폴더에 모아 정리하기 위해 **노트 제목 아래 [폴더]**를 터치합니
다. 하단의 저장 폴더 선택 창이 나타나면 **[폴더 추가]**를 터치합니다.

 삼성 스마트폰에는 기본적으
로 [Samsung Notes] 앱이 설
치되어 있습니다. 홈 화면에
앱이 보이지 않는다면 앱스 화
면에서 찾아봅니다. 설치가 안
되어 있다면 [Play 스토어] 앱
을 실행해 [Samsung Notes]
앱을 설치합니다.

03 폴더 추가 창에서 **폴더의 이름을 '여행'으로 입력**하고 원하는 폴더의 색상을 선택한 후 **[추가]를 터치**합니다. 새 폴더가 생성되었습니다. 이제 저장 폴더 선택 창에서 **'여행' 폴더를 터치**하면 노트가 자동 분류됩니다.

04 노트에 **여행 시간과 일정을 자유롭게 입력**합니다. 노트 작성을 완료했다면 📖를 터치합니다.

02 여행 노트 편집하기

▶ URL 추가하기

01 여행 노트에 다양한 정보를 추가하기 위해 [대한민국 구석구석] 앱을 실행합니다. 검색란을 터치해 '해운대캡슐기차'라고 입력한 후 🔍을 터치합니다. 검색 결과 중 '해운대캡슐기차'와 관련된 게시물을 터치합니다.

02 게시물 화면 상단의 🔗를 터치하고 '공유하기' 창이 나타나면 [URL 복사] 버튼을 터치합니다. 완료 창이 나타나면 [확인]을 터치합니다. URL 복사가 완료되었습니다.

03 [Samsung Notes] 앱으로 이동해 앞에서 작성한 **여행 노트를 열고** ⬚을 터치합니다. URL
을 붙여넣을 곳을 터치해 **'('를 입력**한 다음 **빈 곳을 길게 터치**합니다. 메뉴 창이 나타나면
[붙여넣기]를 선택합니다.

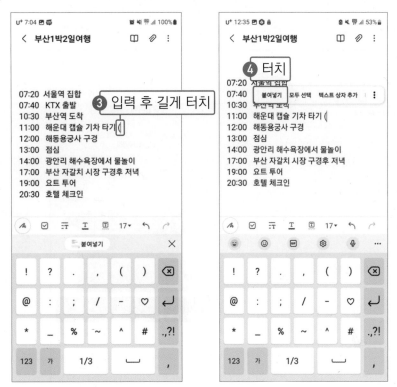

04 URL이 붙여넣기 된 것을 확인한 후 **')'를 입력**해 마무리합니다. 같은 방법으로 다른 일정
에도 URL을 추가해 멋진 일정을 완성합니다.

▶ 이미지 추가하기

01 여행 노트에 '부산 해변' 이미지를 추가하기 위해 [대한민국 구석구석] 앱을 실행합니다. 검색란을 터치해 **'부산 광안리 해변'**을 입력하고 검색합니다. 원하는 게시물 화면을 캡처합니다.

화면 캡처
스마트폰 화면을 캡처하려면 [홈] 버튼과 [전원] 버튼을 동시에 함께 누릅니다. 만약 스마트폰에 [홈] 버튼이 없다면 이때는 [전원] 버튼과 [볼륨 다운] 버튼을 함께 누르면 됩니다.

02 다시 [Samsung Notes] 앱으로 이동한 후 📎를 **터치**합니다. 첨부 파일 선택 창이 나타나면 [이미지] 버튼을 터치합니다.

03 이미지 불러오기 창이 나타나고 [갤러리(❀)] 앱을 터치합니다. 항목 선택 화면에서 [스크린샷] 앨범을 터치합니다.

04 '부산 광안리 해변' 캡처 이미지를 찾아 선택하고 [완료]를 터치합니다. 캡처 이미지가 여행 노트에 추가되었습니다.

▶ 이미지 편집하기

01 캡처 이미지를 편집하기 위해 **이미지를 길게 터치**합니다. 메뉴 창이 나타나면 ⋮를 **터치**하고 편집 창에서 [이미지 편집]을 **터치**한 후 하단의 🔁을 **터치**합니다.

02 화면 모서리를 터치한 채 드래그한 후 원하는 부분만 편집되도록 조절합니다. 이미지 편집이 끝나면 [완료]를 **터치**합니다.

 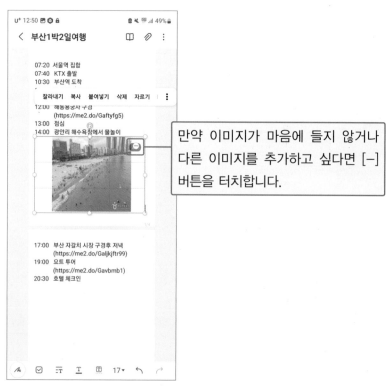

만약 이미지가 마음에 들지 않거나 다른 이미지를 추가하고 싶다면 [-] 버튼을 터치합니다.

01 [카카오톡] 앱을 실행합니다. 친구 화면에서 **함께 여행 가는 친구를 찾아 터치**하고 프로필 화면이 나타나면 [1:1 채팅]을 터치합니다.

02 1:1 채팅방의 ☰를 터치합니다. 같이 여행 가는 다른 친구도 초대하기 위해 채팅방 서랍 창의 [대화상대] 영역에서 **[대화상대 초대]**를 터치합니다.

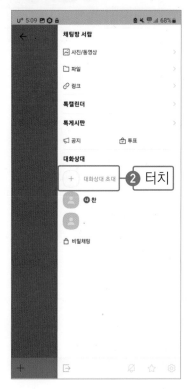

03 친구를 찾아 선택한 후 [확인]을 터치합니다. 그룹채팅방이 만들어지면 채팅방 정보를 수정하기 위해 [그룹채팅방 정보 수정하기] 버튼을 터치합니다.

04 그룹채팅방 정보 설정 화면에서 [채팅방 이름]을 터치한 후 '부산여행모임'으로 입력하고 채팅방 사진을 등록하기 위해 ◎을 터치합니다.

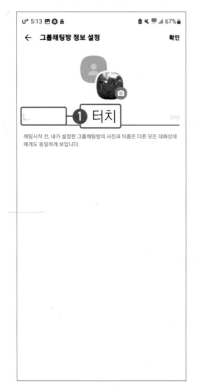
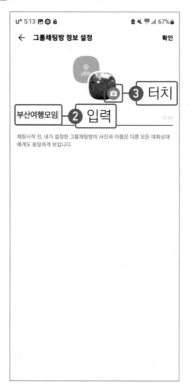

05 프로필 사진 등록 창이 나타나고 [커스텀 프로필 만들기]를 터치합니다. 채팅방을 대표할
카카오프렌즈를 선택한 후 텍스트 입력란을 터치합니다.

06 원하는 텍스트를 입력하고 모든 설정을 완료했다면 [확인]을 터치합니다.

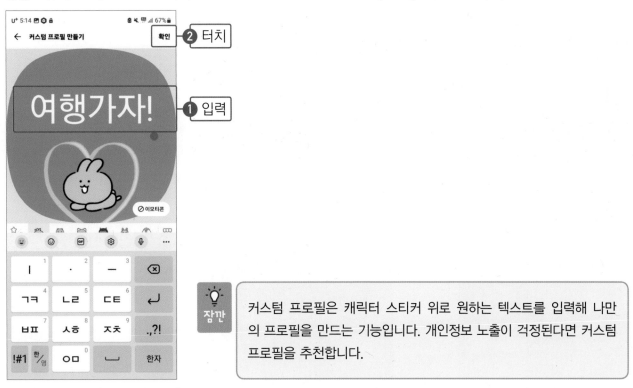

커스텀 프로필은 캐릭터 스티커 위로 원하는 텍스트를 입력해 나만
의 프로필을 만드는 기능입니다. 개인정보 노출이 걱정된다면 커스텀
프로필을 추천합니다.

07 그룹채팅방 정보 수정이 완료되었습니다. **메시지 입력란을 터치해 전송할 메시지를 입력한 후 ▶을 터치합니다.**

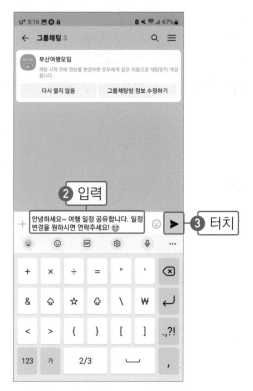

08 전송된 메시지는 그룹채팅방에 초대된 모든 사람이 읽게 됩니다. 이제 [카카오톡] 앱의 채팅방을 이용해 여행과 관련된 정보를 자유롭게 공유해보세요.

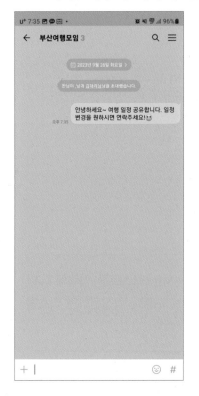
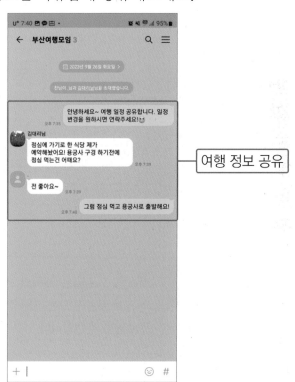

여행 노트 PDF 파일로 공유하기

01 [Samsung Notes] 앱으로 이동해 **이전에 작성한 노트를 열고** ⋮를 **터치합니다.** 메뉴 창이
나타나면 ◁를 **터치합니다.**

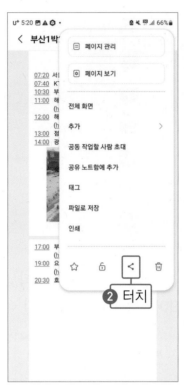

02 [Samsung Notes] 파일 창에서 **[PDF 파일]**을 **터치합니다.** 화면 하단 PDF 파일 공유 창
이 나타나면 **[카카오톡]** 앱을 **터치합니다.**

03 [카카오톡] 앱이 실행되고 공유 대상 선택 화면이 나타납니다. PDF 파일을 공유할 채팅방을 선택하고 [확인]을 터치합니다. 그룹채팅방에 PDF 파일이 공유되었습니다. 공유된 PDF 파일을 터치합니다.

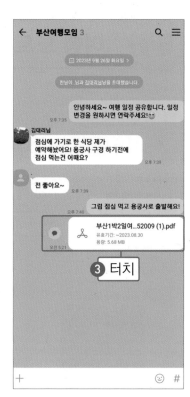

04 PDF 파일을 읽을 수 있는 연결 프로그램 창이 나타납니다. **그중 하나를 터치합니다. 선택한 앱으로 PDF 파일이 연결되어 실행됩니다.** 공유된 여행 파일을 보며 의견을 남겨봅니다.

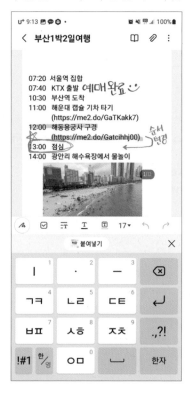

 사용자의 스마트폰 기종에 따라 교재의 이미지와 실제 화면이 다르게 나타날 수 있습니다.

01 '여행지 정보' 카테고리로 지정한 '태종대' 노트를 작성한 후 빨간색 손글씨로 하트를 그려봅니다.

 화면 하단의 🖊을 터치하여 펜 종류와 펜 색상을 설정해 손글씨 메모를 합니다.

02 앞에서 작성한 노트를 이미지 파일로 변환한 후 카카오톡의 그룹채팅방에 공유해 봅니다.

 작업을 완료한 노트 화면에서 ⋮를 터치하고 ⌁를 터치해 [이미지 파일]을 선택합니다.

03 교통편 예약하기

- 기차 승차권 검색하기
- 기차 일반석 예매하기
- 비행기 항공권 예매하기
- 고속버스 모바일 티켓 예약하기
- 고속버스 모바일 티켓 확인하기

미/리/보/기

여행지를 정하고 일정을 세웠다면 다음 순서로 교통편을 정해야 합니다. 고속버스, 기차, 비행기, 자동차 등 다양한 교통편을 알아보고 나에게 맞는 최적의 루트를 찾아봅니다. 이번 장에서는 앱을 이용해 이동 수단을 예약, 결제, 취소하는 방법을 알아봅니다.

01 홈 화면이나 앱스 화면에서 [코레일톡(📱)] 앱을 터치하여 실행합니다. 승차권 예매 화면이 나타나면 로그인하기 위해 ☰를 터치합니다.

💡 잠깐 앱이 설치되어 있지 않은 경우 [Play 스토어] 앱에서 '코레일톡'을 검색해 [코레일톡] 앱을 설치합니다.

02 메뉴 창의 [로그인이 필요합니다]를 터치합니다. 로그인 화면이 나타나면 **가입 시 받은 회원 번호와 설정한 비밀번호를 입력**하고 [로그인] 버튼을 터치합니다.

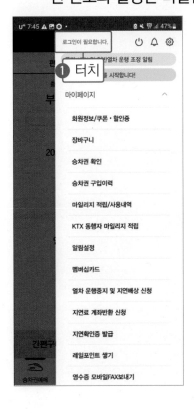

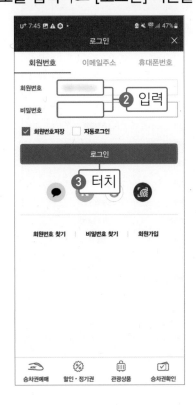

💡 잠깐 회원가입을 한 적이 없다면 절차에 따라 회원가입을 진행하고 가입 시 부여받은 회원 번호로 로그인합니다. 로그인 후 기차표를 예매하면 마일리지 적립 및 승차권 조회가 가능해집니다.

03 승차권 예매 화면이 나타나면 먼저 [편도] 및 [왕복] 중에 예매할 승차권의 종류를 선택할 수 있습니다. **[편도]**를 터치합니다.

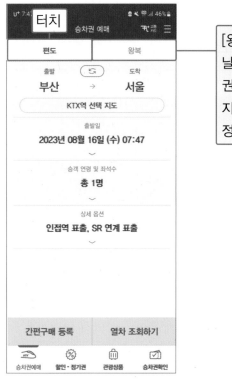

[왕복]을 선택하면 [가는 날]과 [오는 날]을 각각 설정해 해당 일자의 승차권을 한 번에 예매할 수 있습니다. 마지막 여행지와 돌아오는 날이 확실히 정해져 있는 경우 이용하면 좋습니다.

04 다음 [출발]을 터치해 [주요역] 영역에서 출발역을 찾아 선택합니다. 이어서 [도착]을 터치해 동일한 방법으로 도착역을 선택합니다.

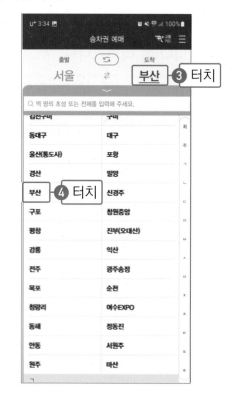

05 출발지와 도착지 설정을 완료했다면 **[출발일]**을 터치합니다. 화면에 달력이 나타나고 **여행의 출발 날짜를 선택**합니다. 이어서 ⌄을 터치해 **[승객 연령 및 좌석수]**에서 승객 정보도 설정합니다.

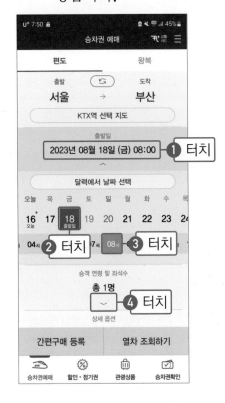

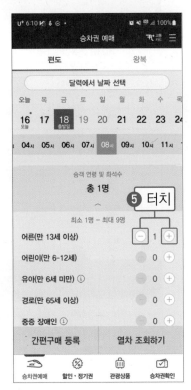

06 설정한 정보가 모두 맞는지 다시 한번 확인하고 **화면 하단의 [열차 조회하기] 버튼을 터치**합니다. 선택한 날짜의 예매가 가능한 열차를 확인하고 **원하는 시간대를 선택**합니다. 이어서 **[좌석 선택]**을 터치합니다.

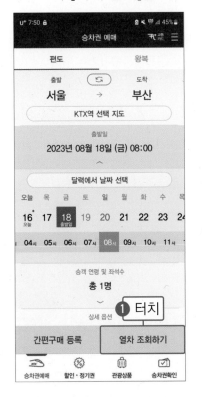

07 좌석 선택 화면에서 **원하는 좌석을 선택**하고 [선택 완료] 버튼을 터치합니다. 열차 조회 화면이 나타나면 [예매] 버튼을 터치합니다.

08 승차권 정보 확인 화면에서 **내용을 확인하고 [결제하기] 버튼을 터치**합니다. 결제 화면이 나타나면 최종적으로 승차권 날짜, 시간, 가격 등의 **정보를 한 번 더 살펴보고 [다음] 버튼을 터치합니다.**

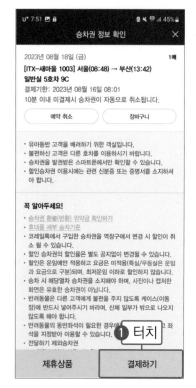

09 결제 화면 상단의 [카드결제]를 터치합니다. 카드번호와 유효기간, 비밀번호 등 정보를 차례로 입력하고 [개인정보 수집 및 이용 동의]를 체크한 후 [결제/발권] 버튼을 터치합니다. 승차권 예매가 완료되었습니다.

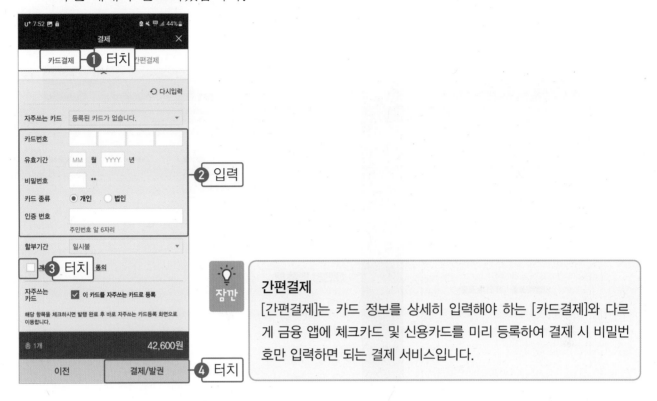

간편결제
[간편결제]는 카드 정보를 상세히 입력해야 하는 [카드결제]와 다르게 금융 앱에 체크카드 및 신용카드를 미리 등록하여 결제 시 비밀번호만 입력하면 되는 결제 서비스입니다.

10 예매한 승차권을 확인 하기 위해 ☰를 터치합니다. 이어서 [승차권 확인]을 터치합니다. 예매한 승차권이 화면에 나타납니다.

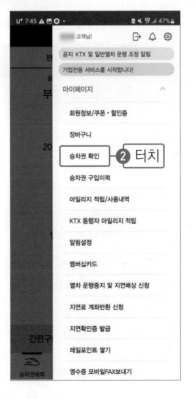

결제 화면 캡처
승차권은 보안 및 부정 승차 문제 때문에 캡처가 어렵습니다. 또한 승차권 캡처 이미지는 정당한 승차권으로 인정되지 않기에 승무원의 승차권 확인 시 반드시 [코레일톡] 앱을 이용해 승차권을 보여줍니다

기차표 반환하기

출발역 및 여행 일자 변경 등의 이유로 미리 예매한 승차권을 취소해야 하는 경우 반환하는 방법을 알아봅니다.

01 앱의 홈 화면에서 ☰를 터치하고 이어서 [승차권 반환]을 터치합니다. 반환하기 화면이 나타나면 취소할 승차권을 선택한 후 화면 하단의 [반환하기] 버튼을 터치합니다.

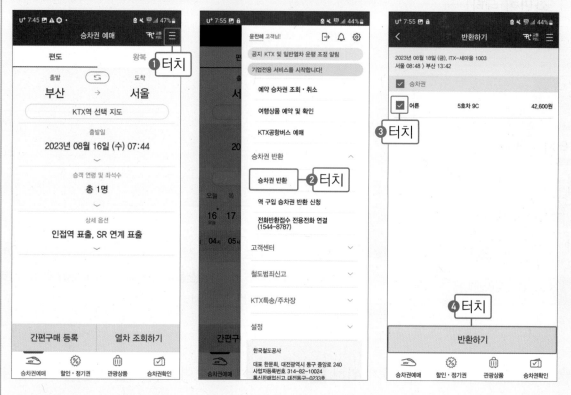

02 이용안내 창이 나타나면 안내 사항을 확인한 후 [반환요청] 버튼을 터치합니다. 이어서 반환완료 창이 나타납니다. [확인] 버튼을 터치합니다. 승차권 반환이 완료되었습니다.

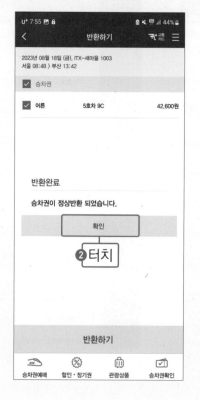

01 홈 화면이나 앱스 화면에서 [티머니 GO()] 앱을 터치하여 실행합니다. 앱 접근 권한 안내 화면이 나타나면 [확인] 버튼을 터치합니다.

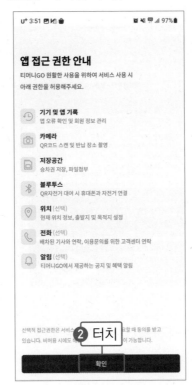

> 💡 **잠깐** 앱이 설치되어 있지 않은 경우 [Play 스토어] 앱에서 '고속버스'를 검색하여 [티머니 GO] 앱을 설치합니다.

02 앱의 홈 화면이 나타나고 화면 상단의 [회원가입/로그인]을 터치합니다. 로그인 화면에서 아이디와 비밀번호를 입력한 후 [로그인] 버튼을 터치합니다.

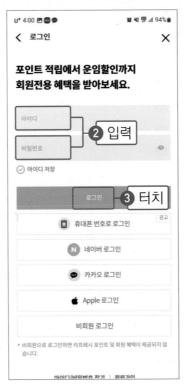

> 💡 **잠깐** [티머니 GO] 앱 회원이 아닌 경우 앱의 이용이 제한됩니다. [회원가입]을 터치해 절차에 따라 회원가입을 진행합니다.

03 이어서 [고속·시외버스] 버튼을 터치합니다. 고속·시외 통합예매 화면이 나타나면 **터미널 검색란을 터치**합니다.

04 출발지 검색 화면이 나타납니다. [전체] 영역에서 '서울 경부'를 선택합니다. [도착]도 [출발]과 동일한 방법으로 설정한 후 일정 선택 화면의 [가는 날 선택] 영역에서 **여행 출발 날짜와 시간대를 선택**하고 **[편도 조회] 버튼을 터치**합니다.

05 앞에서 설정한 날짜의 모든 버스가 조회됩니다. **정확한 출발 시간을 선택**한 후 매수 및 좌석 선택 화면에서 **원하는 좌석을 인원 수만큼 터치**합니다. 모든 선택이 완료되면 **[선택완료]** 버튼을 터치합니다.

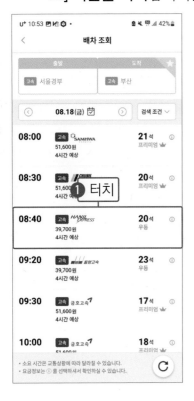

06 승차권 예약 화면이 나타납니다. 승차권 정보를 확인하고 **[결제하기]** 버튼을 터치합니다. 결제하기 화면에서 **결제 수단을 선택**하고 **개인정보 및 이용약관에 동의**한 후 **[결제하기]** 버튼을 터치합니다.

 잠깐

승차권에 변경사항이 있다면 승차권 예약 화면의 [변경] 버튼을 터치해 버스 시간과 좌석을 변경할 수 있습니다.

07 결제가 완료되었습니다. 결제완료 화면에서 **최종적으로 승차권 정보를 확인**하고 [확인] 버튼을 **터치**합니다. 홈 화면의 [예매확인 및 변경] 영역에 결제한 승차권이 나타납니다.

터치

08 예매한 승차권을 확인하기 위해 **승차권을 터치**합니다. 고속·시외 이용 상세정보 화면이 나타나면 **나의 버스 승차권과 QR 코드를 확인**할 수 있습니다. [승차권 저장]을 **터치**합니다. [갤러리] 앱에 승차권이 저장됩니다.

잠깐

모바일 티켓 취소하기

출발지 및 여행 일자 변경 등의 이유로 미리 예매한 승차권을 취소해야 하는 경우 취소 방법을 알아봅니다.

01 [티머니 GO] 앱의 홈 화면에서 [예매 확인 및 변경]을 터치합니다.

02 고속 · 시외 이용 상세정보 화면에서 [예매취소] 버튼을 터치합니다. 예매 취소 창이 나타나면 [네, 취소할게요] 버튼을 터치합니다. 화면 하단의 [예매취소]를 다시 한번 터치합니다.

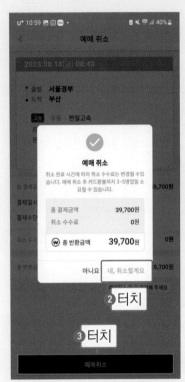

03 알림 창이 나타나고 [확인]을 터치합니다. 홈 화면으로 돌아가면 예매가 취소되어 '예매 승차권이 없습니다.'란 메시지가 나타납니다.

01 홈 화면이나 앱스 화면에서 [제주항공()] 앱을 터치하여 실행합니다. 앱 접근 권한 안내
창이 나타나면 [확인] 버튼을 터치합니다.

💡 잠깐

앱이 설치되어 있지 않은 경우
[Play 스토어] 앱에서 '제주'로
검색해 [제주항공] 앱을 설치
한 후 실행합니다.

02 홈 화면의 ☰를 터치한 후 이어서 [로그인] 버튼을 터치합니다.

03 로그인 화면에서 **아이디와 비밀번호를 입력**한 후 [로그인] 버튼을 터치합니다.

[제주항공] 앱에 가입되어 있지 않으면 앱 이용이 어렵습니다. [회원가입] 버튼을 터치해 가입 절차에 따라 회원가입을 진행합니다.

04 화면 하단의 [홈]을 터치해 홈 화면으로 돌아옵니다. [왕복]을 선택하고 [출발지]를 터치한 후 어디에서 출발하세요? 화면이 나타나면 [대한민국] 영역의 [서울(인천)]을 선택합니다. [도착지]도 동일한 방법으로 설정합니다.

05 목적지 설정을 완료했으면 ▤를 터치합니다. 언제 떠나세요? 화면에서 **가는 날과 오는 날**의 날짜를 설정한 후 **[선택]** 버튼을 터치합니다.

06 이어서 ▣를 터치합니다. 누구와 함께 떠나세요? 화면이 나타나면 **여행 인원 수에 맞춰 [+], [−]** 버튼을 터치해 탑승객 수를 설정한 후 **[선택 완료]** 버튼을 터치합니다.

07 마지막 [결제방법] 영역에서 **결제 수단을 선택**하고 [항공권 검색] 버튼을 터치합니다. 가는 편 화면을 위·아래로 스크롤해 마음에 드는 출발 시간과 좌석 등급을 선택하고 [오는 편 선택하기] 버튼을 터치합니다.

08 [오는 편]의 항공권 역시 [가는 편]과 동일한 방법으로 **출발 시간과 좌석 등급을 설정**하고 부가 서비스를 적용하고 싶다면 [번들 선택하기] 버튼을 터치합니다. 부가 서비스 적용이 필요하지 않다면 [건너뛰기]를 터치합니다.

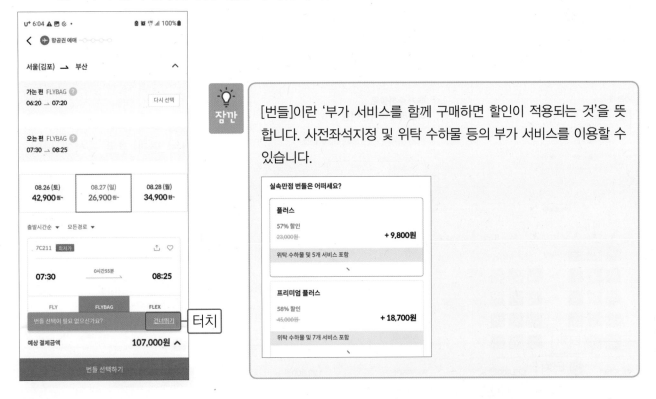

09 탑승객 정보 입력 화면이 나타나면 **여권 정보와 동일하게 탑승객 정보를 입력**하고 [부가서비스 선택하기] 버튼을 터치합니다. 이어서 항공편 지연/결항 시 연락받을 수 있는 대표 연락처를 입력하고 반려동물 동반 여부도 터치합니다. [부가서비스 선택하기] 버튼을 한 번 더 터치합니다.

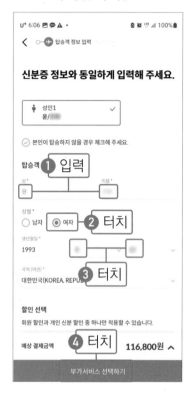
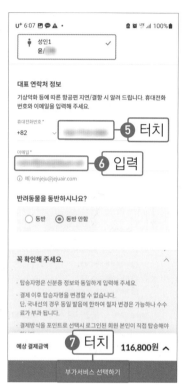

10 가는 편 화면이 나타납니다. 좌석 선택 영역에서 **원하는 좌석을 터치**하고 [오는 편 좌석 선택하기] 버튼을 터치합니다. 오는 편 역시 좌석 선택 영역에서 **원하는 좌석을 터치**합니다. 모든 좌석 설정이 완료되었다면 위탁수화물 영역에서 **수하물 무게를 터치**하고 [다음]을 터치합니다.

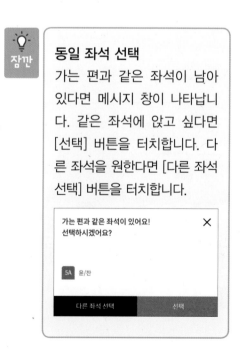

11 부가서비스 선택 화면이 나타나면 [다음] 버튼을 터치합니다. 항공보안법 개정 화면에서
개정된 내용을 확인한 후 [확인] 버튼을 터치합니다.

12 확인 및 동의 화면에서 **결제 금액을 확인**하고 [약관 및 규정 동의]에 '전체 동의'를 터치한 후
[다음] 버튼을 터치합니다.

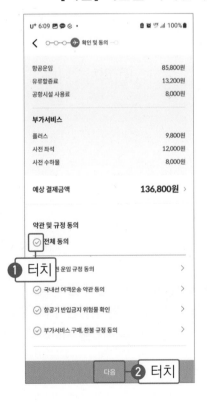

13 결제 화면이 나타납니다. [결제방법] 영역에서 **원하는 결제 수단을 터치**하고 **[결제하기] 버튼을 터치**합니다. 예약완료 화면이 나타나고 예약 확인을 위해 **[나의 예약현황] 버튼**을 터치합니다.

14 나의 예약현황 화면에서 결제한 항공권을 확인할 수 있습니다.

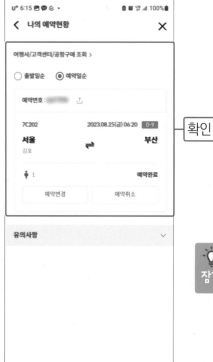

국내선 항공의 경우 모바일 항공권 예약 시 여권 번호 등록 창이 따로 나타나지 않습니다. 만약 해외여행을 계획 중이라면 항공권 구매 전 [회원정보 수정]에서 여권 정보를 미리 입력한 후 예약을 시도하는 것이 좋습니다.

01 [티머니 GO()] 앱에서 서울 경부에서 출발해 강릉에 도착하는 프리미엄 버스를 예매해 보고, 예매 취소도 해봅니다.

02 [제주항공()] 앱에서 김포 공항과 제주 공항을 왕복하는 항공권을 예약해 보고, 예약을 취소해 봅니다.

04 여행지 정보 검색하기

- [날씨] 위젯으로 여행지 날씨 정보 알아보기
- [트립어드바이저] 앱으로 관광지 찾아보기
- [Agoda] 앱으로 여행지 숙소 예약하기

미·리·보·기

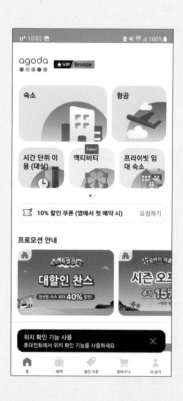

여행을 편안하게 즐기기 위해서는 무엇보다 여행지의 정보를 자세히 아는 것이 중요합니다. 날씨는 어떠한지, 현지의 유명한 관광지는 어떤 곳이 있는지 등 정보가 많으면 많을수록 완벽한 여행을 즐길 수 있습니다. 이번 장에서는 여행지의 날씨, 음식점, 관광지, 숙소 등의 정보를 찾고 예약하는 방법을 알아봅니다.

01 홈 화면이나 앱스 화면에서 [날씨] 위젯을 터치하여 실행합니다. 사용자의 현재 위치를 기준으로 시간대별 날씨 정보 화면이 나타납니다. 다른 지역의 날씨를 검색하기 위해 ≡을 터치합니다.

 안드로이드 폰에 기본적으로 설치되어 있는 날씨 위젯은 스마트폰 기종 상관없이 사용 방법이 모두 비슷해 교재에서 학습한 내용만으로도 지역을 손쉽게 추가해 현지 날씨를 확인할 수 있습니다.

02 메뉴 창에서 [지역 관리] 버튼을 터치합니다. 지역 관리 화면이 나타나면 ⊞를 터치합니다.

03 지역 검색란에 **여행 예정인 '부산'을 입력해 검색**합니다. 해당 지역을 찾아 **터치**하면 [날씨] 위젯에 지역 추가가 완료됩니다. ◁를 **터치**해 날씨 홈 화면으로 이동하고 ☰을 터치합니다.

04 메뉴 창에서 ⚙을 **터치**합니다. [날씨 설정] 화면이 나타나면 [**앱스 화면에 날씨 표시] 토글을 스크롤해 활성화**합니다. [**알림]을 터치**한 후 [**알림 허용] 토글도 스크롤해 활성화**합니다. 새로 추가한 지역의 날씨 소식을 알림으로 알려줍니다.

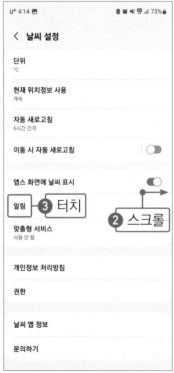

주변 음식점 찾아보기

01 홈 화면이나 앱스 화면에서 [트립어드바이저()] 앱을 터치하여 실행합니다. 화면 상단의 [음식점] 버튼을 터치합니다.

> 💡 **잠깐**
>
> 앱이 설치되어 있지 않은 경우 [Play 스토어] 앱에서 '여행'으로 검색하여 [트립어드바이저] 앱을 설치합니다. 지도가 연동된 지역별 맛집 리스트는 물론 음식 유형과 가격, 후기 순위로 세계 각국의 레스토랑 정보를 찾아줍니다.

02 이어서 **검색란을 터치**해 '**부산**'을 입력하고 결과 목록 중 '**부산**'을 터치합니다.

03 부산의 음식점 화면이 나타나고 [모든 음식점 보기] 버튼을 터치합니다. 음식점 목록이 나타나면 [필터(☰)] 버튼을 터치합니다. 필터 화면에서 **원하는 검색 조건을 설정**하고 [76건의 결과 표시하기] 버튼을 터치합니다.

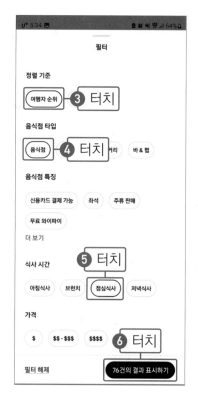

04 검색 조건과 부합하는 음식점 목록이 나타납니다. **관심있는 음식점을 터치해 위치, 영업시간, 주소 등의 정보를 확인**한 후 식당을 예약하거나 지도를 이용해 찾아갑니다.

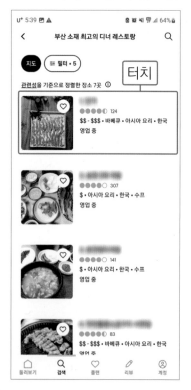

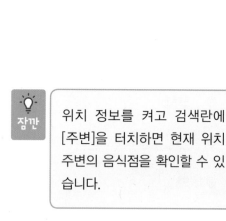

잠깐

위치 정보를 켜고 검색란에 [주변]을 터치하면 현재 위치 주변의 음식점을 확인할 수 있습니다.

01 [트립어드바이저] 앱을 실행한 후 **앱의 홈 화면 하단의 [검색]**을 터치합니다.

앱 홈 화면의 [즐길거리] 버튼을 터치해도 주변 관광지를 찾아볼 수 있습니다.

02 검색 화면에서 **검색란을 터치**해 **'부산'**을 입력하고 결과 목록 중 **'부산'**을 터치합니다.

03 부산 화면의 메뉴 탭에서 [즐길거리]를 터치한 후 [모두 보기]를 터치합니다. 이어서 [10월 18일 → 10월 19일] 버튼을 터치합니다.

04 상세 정보 수정하기 창에서 **여행 시작일과 종료일을 선택**하고 [적용] 버튼을 터치합니다. 여행 일정이 변경되었습니다. [필터(☰)] 버튼을 터치합니다.

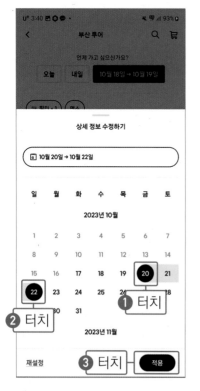 

05 필터 화면에서 **원하는 검색 조건을 설정**하고 **[48건의 결과 표시하기]** 버튼을 터치합니다. 해당 날짜의 검색 조건과 부합하는 다양한 관광지 목록이 나타납니다. **화면을 위·아래로 스크롤해 관심 있는 관광지를 터치합니다.**

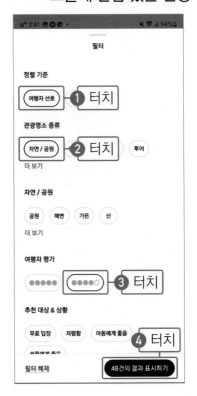
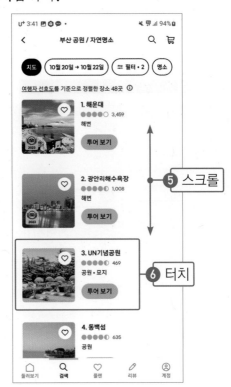

06 선택한 관광지의 **주소, 지도, 주변 명소 등 자세한 정보를 알 수 있습니다.**

 **잠깐** [즐길거리]에서 [주변]을 터치하면 내 위치 주변의 즐길거리를 확인할 수 있습니다.

여행 숙소 예약하기

01 홈 화면이나 앱스 화면에서 [Agoda()] 앱을 터치하여 실행합니다. 로그인 화면이 나타나면 이메일 주소와 비밀번호를 입력해 로그인합니다.

[Agoda] 앱의 회원이 아닌 경우 [회원가입]을 터치합니다.

잠깐 앱이 설치되어 있지 않은 경우 [Play 스토어] 앱에서 '숙박'으로 검색하여 [Agoda] 앱을 설치합니다.

02 앱 홈 화면에서 [숙소] 버튼을 터치합니다. 모든 객실 화면이 나타나면 **[여행지/호텔명/프라이빗 하우스 검색]** 버튼을 터치합니다.

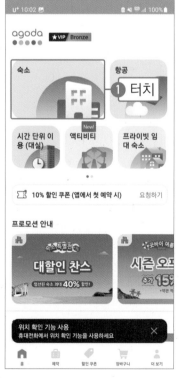

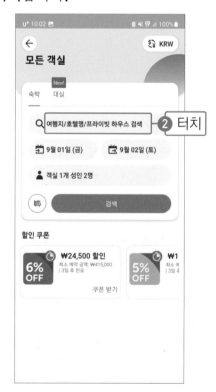

03 여행지 선택 화면의 **검색란을 터치**해 '부산'을 **입력**하고 결과 목록에서 '부산'을 터치합니다.

04 이어서 모든 객실 화면에서 [체크인/체크아웃] 버튼을 터치합니다. 캘린더 화면이 나타나
면 **숙소 체크인과 체크아웃 날짜를 선택**하고 [확인] 버튼을 터치합니다.

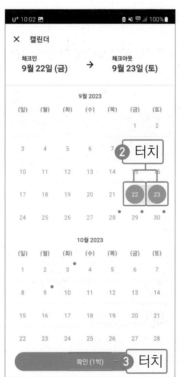

05 마지막으로 객실 수와 투숙 인원을 설정하기 위해 [객실] 버튼을 터치합니다. 원하는 객실 수와 투숙 인원을 설정한 후 [확인] 버튼을 터치합니다.

06 모든 객실 화면에서 설정한 정보들을 한 번 더 확인하고 [검색] 버튼을 터치합니다. 숙소 목록이 검색되어 나타납니다. [조건 검색]을 터치하여 원하는 조건을 설정한 후 ←을 터치 합니다.

07 설정한 조건과 부합하는 숙소 목록이 나타납니다. 그중 **관심있는 숙소를 선택**합니다. 호텔 후기나 평점, 주소 등을 살펴보고 [모든 객실 보기] 버튼을 터치합니다.

08 예약 가능한 객실 목록이 나타나면 **원하는 객실을 터치**합니다. 객실 정보를 한 번 더 확인하고 [예약하기] 버튼을 터치합니다.

09 결제 정보 화면에서 객실을 확인한 후 **위로 스크롤**합니다. 여권에 기재된 영문 이름과 국적, 핸드폰 번호 등 예약자 정보를 모두 **입력**하고 원하는 객실 옵션을 설정하기 위해 위로 스크롤합니다.

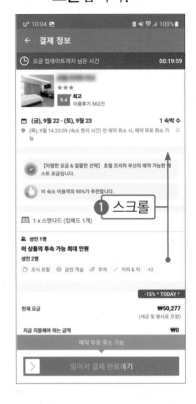

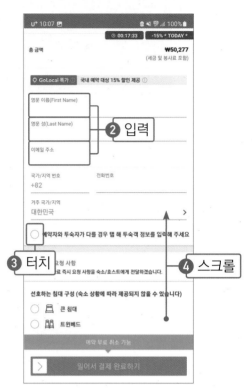

10 입력 사항을 확인하고 [지금 결제하기]를 터치합니다. 카드 종류를 변경하기 위해 [결제 방법 변경하기]를 터치하고 결제 방법 화면에서 신용카드를 선택한 후 [카드 정보]를 입력합니다.

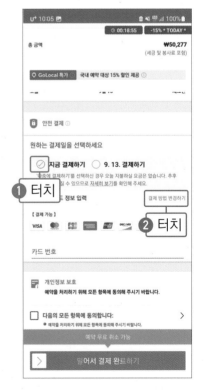

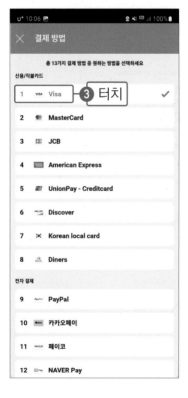

잠깐

나중에 결제하기

숙박 앱마다 조금씩 차이가 있지만, 일부 앱의 경우 고객이 결제일을 직접 선택할 수 있습니다. '나중에 결제하기'를 선택한 경우 예약하는 시점에 요금을 지불하지 않고 호텔 예약이 가능합니다. 다만, 추후 결제일에 내가 처음 확인했던 요금과 금액 차이가 있을 수 있다는 것 참고 바랍니다.

11 카드 정보를 모두 입력했다면 **결제 동의 항목에 체크**하고 **[밀어서 결제 완료하기]를 스크롤**합니다. 예약 완료 화면이 나타납니다.

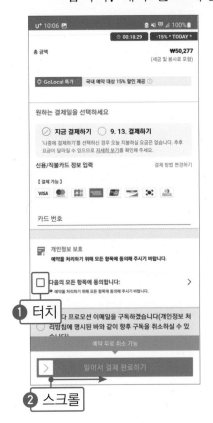

12 화면을 위로 스크롤해 예약사항을 확인한 후 메인 화면으로 돌아가 메뉴 탭의 **[예약]**을 터치합니다. 예약번호와 날짜, 상세 내역을 확인할 수 있습니다.

01 [트립어드바이저()] 앱에서 '부여'의 음식점을 찾아봅니다.

02 [Agoda()] 앱에서 예약한 숙소를 취소해 봅니다.

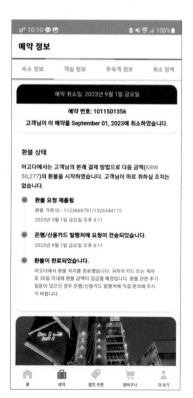

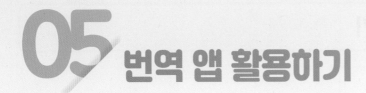

- [papago] 앱 사용해 음성 번역하기
- 이미지 번역하기
- 텍스트 번역하기

미·리·보·기

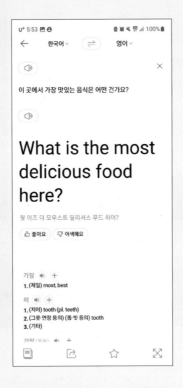

외국을 여행하다 보면 언어의 장벽 때문에 곤란한 일이 많습니다. 음식점에서 메뉴를 주문하거나 길을 잃었을 때 말이 통하지 않아 불편한 경험이 있지 않나요? 그럴 땐 번역 앱을 활용하면 손쉽게 상황을 해결할 수 있습니다. 이번 장에서는 번역을 도와주는 파파고(papago) 앱의 다양한 활용법에 대해 알아봅니다.

01 음성 및 대화 번역하기

▶ 음성으로 번역하기

01 홈 화면이나 앱스 화면에서 [papago(📷)] 앱을 터치하여 실행합니다. 화면 상단의 입력할 언어를 '한국어', 번역할 언어를 '영어'로 설정한 후 [음성(🎙)]을 터치합니다. 마이크가 실행됩니다.

💡 **잠깐**

[papago] 앱의 화면 구성

'papago(파파고)'는 에스페란토어로 언어 능력이 출중한 동물인 '앵무새'를 의미합니다. 파파고는 현재 영어, 일본어, 중국어를 포함해 총 13개 국어의 번역을 지원하고 있습니다. 앱을 사용하기 전에 메뉴를 하나씩 터치하며 순서대로 인식해 봅니다.

① 메뉴
② 입력할 언어 설정
③ 입력할 언어와 번역할 언어 교체
④ 번역할 언어 설정
⑤ 번역할 언어 입력
⑥ 음성 번역
⑦ 대화 번역
⑧ 촬영한 사진 번역
⑨ 촬영한 지문 번역

02 한국어로 "이 음식에 땅콩이 들어가나요?"라고 말하면 자동으로 언어가 영어로 번역되어 화면에 나타납니다. 🔊 를 터치하면 번역된 글을 영어 음성으로 들을 수 있습니다.

▶ 대화로 번역하기

01 이번에는 대화를 번역해 보겠습니다. 입력할 언어는 '한국어', 번역할 언어는 '영어'로 설정한 후 [대화(💬)]를 터치합니다. 영어 영역의 🎤를 터치한 후 상대방의 목소리를 마이크에 가까이 가져다 대면 자동으로 언어가 번역됩니다.

02 한국어 영역의 를 터치합니다. **한국어로 말을 하면 자동으로 언어가 번역되어 화면에 나타납니다.** 번역된 말은 음성으로도 나옵니다.

[영어]를 터치하면 언어를 변경할 수 있습니다. 대화 상대방의 언어에 맞게 설정을 변경하여 대화를 이어나갑니다.

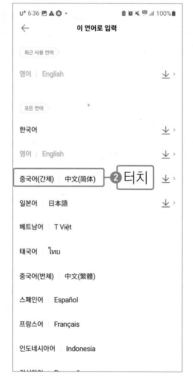

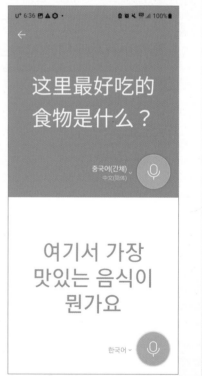

01 앱의 홈 화면에서 **입력할 언어를 '한국어'**, 번역할 언어를 '영어'로 설정합니다. [번역할 내용을 입력하세요] 영역을 터치해 '이 버스는 공항까지 가나요?'라고 한글을 입력하면 영어로 번역되어 화면에 나타납니다. ☑를 터치합니다.

02 🔊를 터치하면 영어로 번역된 텍스트를 음성으로 들을 수 있습니다.

번역된 언어 아래 작은 글씨는 외국어의 한국어 발음입니다. 텍스트를 따라 읽으며 발음 연습을 할 수 있습니다.

03 번역할 언어를 변경하고 싶다면 **화면 상단의 [영어]를 터치**합니다. 이 언어로 번역 화면의
다양한 외국어 중 번역을 원하는 언어를 선택합니다.

손글씨로 쓴 글씨도 번역이 가능합니다. 번역할 언어를 '일본어'로 설정하고 🖊를 터치합니다. 하단에 번역을 원하는 일본어를 손글씨로 작성합니다. 화면에 나타난 글자 목록에서 한자를 터치한 후, 번역된 단어를 확인합니다.

03 이미지 번역하기

01 앱의 홈 화면에서 **입력할 언어는 '일본어'**, **번역할 언어는 '한국어'**로 설정한 후 📷를 터치합니다. [카메라] 앱이 실행되고 번역하고 싶은 일본어 글자를 카메라에 비추고 📷를 터치합니다.

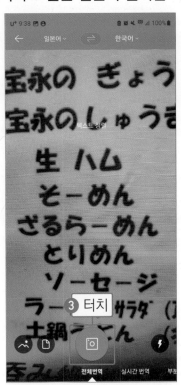

02 촬영한 이미지의 텍스트가 인식되고 **모르는 텍스트를 손가락으로 터치합니다.** 번역이 진행됩니다.

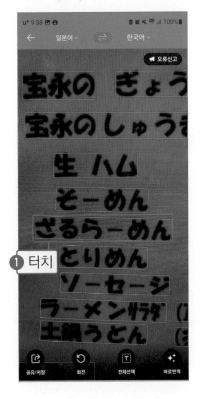

잠깐

텍스트를 전부 터치하기보다 일부를 터치하는 것이 정확도가 더 높습니다.

77

03 번역이 완료되면 화면 하단에 번역된 텍스트가 나타납니다. ▷를 **터치**하면 번역을 원했던 단어의 사전적 의미와 발음을 알 수 있습니다.

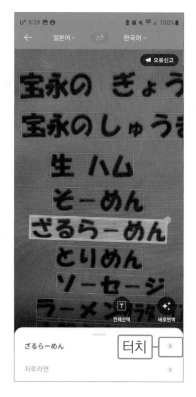
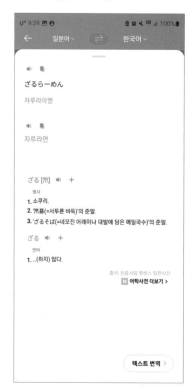

04 촬영한 사진 번역하기

01 앱의 홈 화면에서 입력할 언어는 '일본어' 번역할 언어는 '한국어'로 설정합니다. 이어서 ▣를 **터치**하고 🖼를 **터치**합니다.

02 갤러리 화면이 나타나면 **번역하고 싶은 사진을 선택**합니다. 이미지 편집 화면에서 번역하고 싶은 글자가 화면에 잘 담겨 있는지 확인한 후 **[완료]**를 **터치**합니다.

03 번역할 텍스트가 인식되면 손가락으로 **터치**합니다. 화면 하단에 번역이 완료된 글자가 나타납니다.

[글로벌 회화]로 간단한 회화 공부하기

'글로벌 회화' 기능을 이용해 여러 상황의 회화를 다양한 언어로 배울 수 있습니다.

01 앱의 홈 화면에서 ☰를 터치하고 [글로벌 회화]를 터치합니다. 이어서 A를 터치한 후 [영어]를 터치합니다.

02 [공항/비행기]를 터치한 후 [항공권 예약]을 터치합니다. 메뉴 탭의 [예약 변경]에서 '다른 비행기로 변경하고 싶어요'를 터치한 후 ◁)를 터치해 학습합니다.

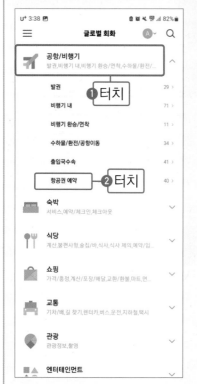
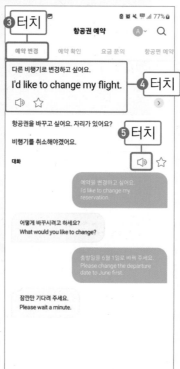
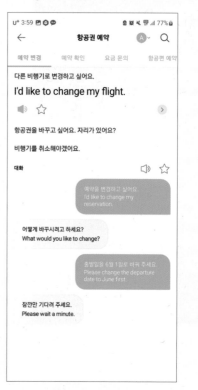

01 [papago()] 앱에서 한국어로 말하고 다른 언어로 번역해 봅니다.
 – "매표소는 어디 있나요?"

02 [papago(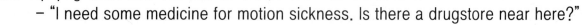)] 앱에서 영어를 입력해 한국어로 번역해 봅니다.
 – "I need some medicine for motion sickness. Is there a drugstore near here?"

06 지도 앱 활용하기

- [네이버 지도] 앱으로 길 찾기
- 대중교통으로 길 찾기
- 내비게이션으로 길 찾기
- 키워드 검색으로 주변 탐색하기

미/리/보/기

지도는 여행할 때 가장 중요한 도구 중 하나입니다. 스마트폰의 지도 앱을 사용하면 오랜 시간을 할애하지 않아도 여행지의 거리 계산과 교통수단, 목적지 주변 정보까지 알아낼 수 있습니다. 이번 장에서는 내가 원하는 교통수단으로 여행을 계획하기 위해 [네이버 지도] 앱의 자세한 사용 방법에 대해 알아봅니다.

다양한 이동 수단으로 길 찾기

▶ 대중교통으로 길 찾기

01 홈 화면이나 앱스 화면에서 [네이버 지도(📍)] 앱을 터치하여 실행합니다. 앱의 홈 화면에서 ◉을 터치하고 **검색란**을 터치합니다.

> 💡 **잠깐**
>
> 앱이 설치되어 있지 않은 경우 [Play 스토어] 앱에서 '지도'로 검색해 [네이버 지도] 앱을 설치합니다. 앱의 접근 권한을 묻는 화면이 나타나면 [동의]를 터치해야 원활한 지도 앱 사용이 가능합니다.

02 검색란에 목적지를 입력하고 목적지와 일치하는 **검색 결과**를 터치합니다. 지도 화면 하단의 [도착] 버튼을 터치합니다. 출발지와 목적지 설정이 끝났으면 🚌을 터치합니다.

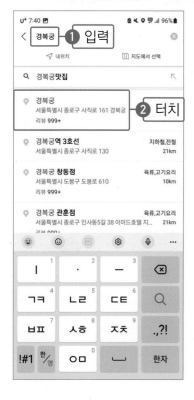

03 출발 시간과 원하는 경로를 설정하기 위해 [오늘 오후 7:40 출발(▽)]을 터치합니다. 출발 시각 설정 창에서 **시간을 위·아래로 스크롤해 설정**하고 [완료]를 터치합니다.

 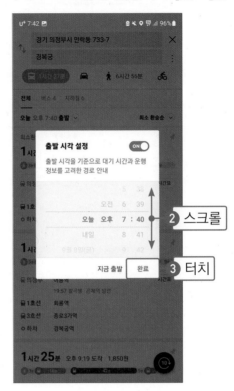

04 [최적 경로순(▽)]을 터치하고 정렬 기준 창에서 [최소 환승순]을 터치합니다. 설정된 조건으로 다시 검색되어 경로가 나타납니다. 원하는 경로를 터치합니다.

  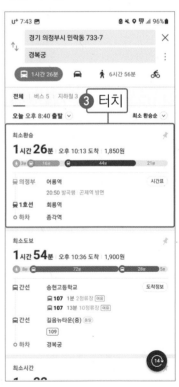

05 지도 화면에서 한눈에 경로를 확인할 수 있습니다. **화면 하단의 최소환승 창을 위로 스크롤** 하면 경로가 더욱 상세히 나타납니다. **이동 경로 중 도보를 터치**합니다.

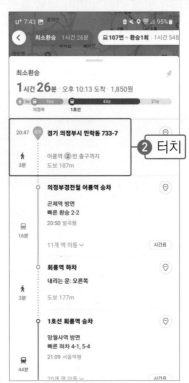

06 나의 이동 경로가 파란 점선을 따라 화면에 나타납니다. **최소환승 창을 위로 스크롤**해 지 하철의 **[20개 역 이동(⌄)]을 터치**합니다. 지하철 역과 내리는 문의 방향, 빠른 환승 칸 등 다양한 정보를 확인할 수 있습니다.

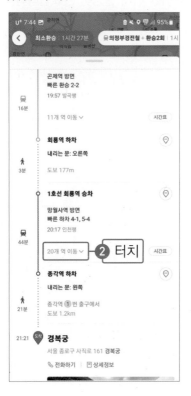

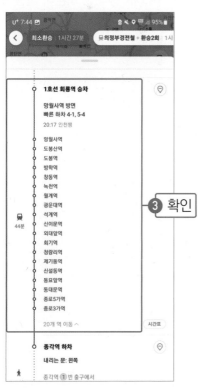

위치 모드

[지도] 앱을 사용할 때 위치 모드가 항상 켜져 있어야 더욱 빠르게 앱을 이용할 수 있습니다.

01 홈 화면 상단의 알림창을 아래로 스크롤해 내린 후 [빠른 설정] 버튼 영역에서 한 번 더 아래로 스크롤합니다.

02 다양한 [빠른 설정] 버튼들이 나타나고 화면을 좌측으로 스크롤해 넘깁니다. 이어서 [위치(◉)]를 찾아 터치합니다. 버튼이 파란색으로 바뀌면 위치 설정이 완료됩니다.

▶ 자동차로 길 찾기

01 앱의 홈 화면에서 **출발지와 목적지를 입력해 설정**하고 🚗를 **터치**합니다. 경로가 지도에 표시되면 출발 시간을 설정하기 위해 **화면의** ⊙를 **터치**합니다. 나중에 출발 창이 나타나면 **[출발 시간 변경] 버튼을 터치**합니다.

02 출발 시간 변경 창에서 **출발 시간을 위·아래로 스크롤해 설정**하고 **[확인] 버튼을 터치**합니다. 최종 경로를 확인한 후 **[안내 시작] 버튼을 터치**합니다.

03 화면 상단의 🎤를 **터치**하면 음성으로 톨게이트, 도착시간 등을 검색할 수 있습니다. 🔍을 **터치해 화장실을 입력**하면 현재 위치 주변의 화장실이 지도에 표시됩니다.

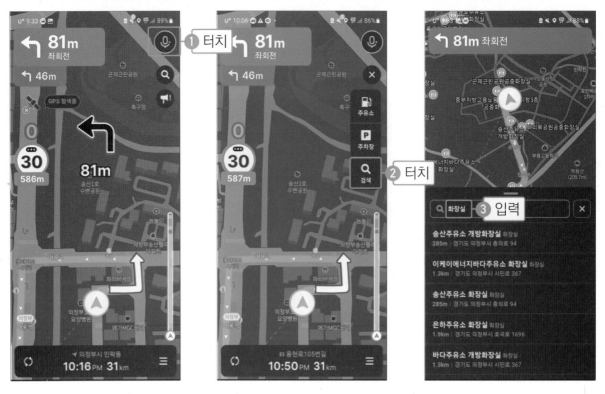

04 내비게이션을 종료하기 위해 ⟨를 **터치**합니다. 경로 안내 종료 창이 나타나고 **안내 종료** 버튼을 **터치**합니다. 다시 앱의 홈 화면으로 돌아갑니다.

▶ 도보로 길 찾기

01 [네이버 지도] 앱에서 **출발지와 목적지를 설정하고** 👤를 터치합니다. 경로가 지도에 나타나면 왼쪽 하단의 [상세경로(☰)] 버튼을 터치합니다. 이동 경로가 거리뷰와 함께 지도에 자세히 나타납니다. 길 찾기를 시작하기 위해 [따라가기] 버튼을 터치합니다.

02 지도에 파란선으로 이동 경로가 표시되고 거리뷰를 전체화면으로 보기 위해 **지도의 이미지를** 터치합니다.

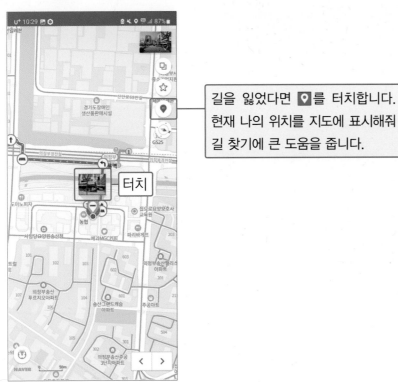

길을 잃었다면 📍를 터치합니다. 현재 나의 위치를 지도에 표시해줘 길 찾기에 큰 도움을 줍니다.

03 지도와 함께 보기 위해 **하단의 🗺를 터치**합니다. 화면에 지도가 나타나고 **원하는 영역을 스크롤**해 이동 경로의 거리뷰를 확인할 수 있습니다.

▶ 자전거로 길 찾기

01 [네이버 지도] 앱에서 **출발지와 목적지를 설정**하고 🚲를 터치합니다. 자전거로 이동하기 최적의 경로가 지도에 표시됩니다. **현재 경로를 기억하고 싶다면 ☆를 터치**한 후 **[경로 미리보기] 버튼을 터치**하면 더욱 자세한 이동 경로를 볼 수 있습니다.

02 경로를 저장하기 위해 메뉴 탭의 [저장(☆)]을 터치합니다. 전체 리스트 창을 위로 스크롤하고 [경로(⛛)]를 터치하면 저장된 경로가 나타납니다.

02 네이버 지도 앱에서 주변 탐색하기

01 [네이버 지도] 앱을 실행한 후 홈 화면 상단의 [음식점] 버튼을 터치합니다. 현재 위치 주변의 음식점들이 지도에 표시됩니다.

02 를 터치합니다. 플레이스 필터 창이 나타나면 원하는 음식 종류 및 주문 형태 등을 설정하고 [적용] 버튼을 터치합니다.

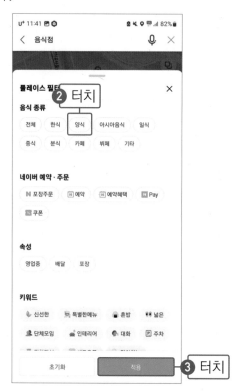

03 설정한 조건과 부합하는 음식점들이 화면에 나타납니다. 음식점 화면을 위·아래로 스크롤해 원하는 음식점을 터치합니다.

음식점을 검색한 후 ☆을 터치해 즐겨찾기를 설정해 놓으면 지도에 표시되어 추후 음식점의 위치를 쉽게 찾을 수 있습니다.

04 음식점 주소, 영업정보, 전화번호 등을 확인할 수 있는 음식점 정보 창이 나타납니다. 길 찾기를 위해 **[도착(📍)]** 버튼을 터치합니다. 지도에 이동 경로가 표시됩니다. **도보를 터치 한 후 [따라가기] 버튼을 터치합니다.**

▶ 키워드에 없는 장소 찾기

01 키워드에 없는 장소를 찾기 위해 홈 화면의 **검색란을 터치**해 **'화장실'을 입력**하고 검색합니다. 현재 위치 주변의 화장실이 지도에 표시됩니다.

[Google Maps(📍)] 앱 사용 방법

해외여행에서는 국내 지도 앱보다는 [Google Maps] 앱을 더욱 많이 사용합니다. [Google Maps] 앱 사용 방법을 간단히 알아봅니다.

01 홈 화면이나 앱스 화면에서 [지도] 앱을 터치하여 실행한 후 화면 상단의 검색란을 터치합니다.

02 출발지를 입력해 일치하는 검색 결과를 터치하고 출발지 화면의 [경로] 버튼을 터치합니다. 도착지도 동일하게 설정합니다.

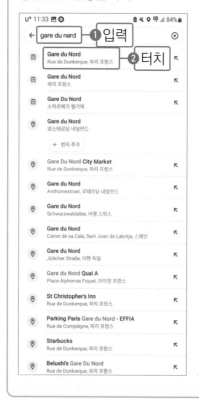

03 목적지까지 갈 수 있는 다양한 이동 수단이 화면 상단에 표시됩니다. 원하는 이동 수단을 터치합니다.

각 이동 수단의 도착 시간은 도로 상황에 따라 실시간으로 시간이 변경되어 화면에서 바로 확인이 가능합니다.

04 총 이동 시간과 경로가 화면에 나타납니다. [경로] 버튼을 터치하거나 창을 위로 스크롤하면 상세 이동 경로가 나타납니다.

01 [네이버 지도📒] 앱에서 출발지는 '종각역', 목적지는 '윤동주 문학관'을 설정한 후 대중교통 편을 검색해 봅니다.

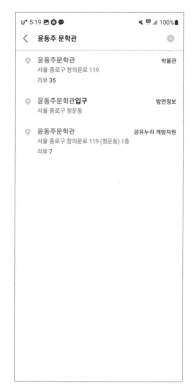

02 [네이버 지도📒] 앱에서 출발지는 '반포대교', 목적지는 '동작역'을 설정한 후 자전거 편을 검색해 봅니다.

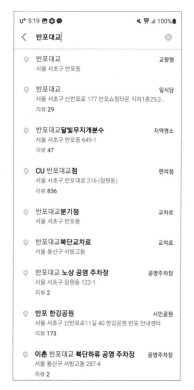

07 여행 사진 남기기

- 카메라 설정하기
- 하늘 사진 촬영하기
- 일몰 사진 촬영하기
- 역광 사진 보정하기
- 야경 사진 보정하기

미/리/보/기

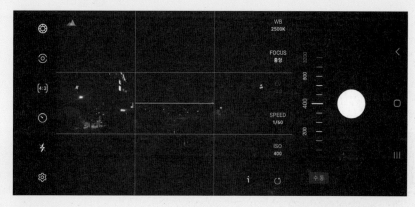

즐거운 여행을 추억하는 제일 좋은 방법은 사진을 많이 남기는 것이 아닐까요? 디지털 카메라를 따로 챙기지 않더라도 스마트폰으로 충분히 멋진 사진을 남길 수 있습니다. 이번 장에서는 카메라 앱의 여러 기능을 사용해 촬영한 여행 사진을 더욱 분위기 있게 보정하는 방법을 알아봅니다.

01 하늘 사진 찍기

01 홈 화면이나 앱스 화면에서 [카메라(■)] 앱을 터치하여 실행합니다. 카메라 화면의 ⚙을 터치합니다.

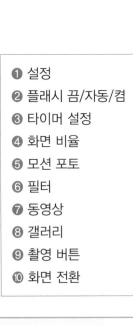

❶ 설정
❷ 플래시 끔/자동/켬
❸ 타이머 설정
❹ 화면 비율
❺ 모션 포토
❻ 필터
❼ 동영상
❽ 갤러리
❾ 촬영 버튼
❿ 화면 전환

카메라의 구성 및 명칭은 스마트폰의 기종 또는 [카메라] 앱의 버전에 따라 다를 수 있습니다. 카메라의 설정 버튼을 하나씩 터치하며 익혀봅니다.

02 카메라 설정 화면이 나타나면 화면을 위로 스크롤해 [자동 HDR], [대상 추적 AF], [수직/수평 안내선] 토글을 활성화합니다.

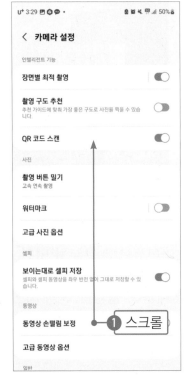

03 ◁을 **터치**해 카메라 화면으로 돌아갑니다. 화면에 하얀 격자 안내선이 나타나고 **안내선에 맞춰 피사체의 수직 · 수평 각도를 조절**한 후 **[촬영]** 버튼을 터치합니다.

잠깐 수직 · 수평 각도 조절이 어렵다면 안내선 한 줄에 피사체를 수평으로 맞춰보는 것부터 시작합니다. 수평이 잘 맞으면 피사체를 수직 안내선에 직각으로 맞춰봅니다.

04 선명하고 파란 하늘이 촬영됐습니다.

잠깐 여행 중 파란 하늘을 찍고 싶을 때는 해를 등지고 촬영하면 파란 하늘 느낌을 잘 살려 촬영할 수 있습니다.

02) 일몰 사진 찍기

01 일몰 시간에 노을이 보이면 [카메라] 앱을 실행합니다. 원하는 구도로 노을을 화면에 담고 [촬영] 버튼을 터치합니다. 붉은 색감이 인상적인 노을 사진이 촬영됐습니다.

02 좀 더 분위기 있는 사진을 찍기 위해 촬영 모드의 설정을 변경해 보겠습니다. 화면 하단의 [더보기]를 터치하고 이어서 [프로(◉)]를 선택한 후 [ISO]를 찾아 터치합니다.

03 '400'으로 설정되어 있는 값을 스크롤하여 '100'으로 변경한 후 [촬영] 버튼을 터치합니다.

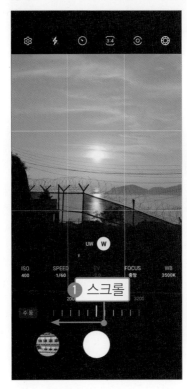 

04 노을 주변이 더욱 어둡게 그라데이션 되어 멋진 사진이 촬영됐습니다.

 일몰 사진
태양이 낮은 각도로 지면서 생기는 긴 그림자로 인해 밝은 곳과 어두운 곳의 대비가 강하게 드러나 인상적인 사진을 남길 수 있습니다.

역광 사진 찍기

01 햇빛이 아주 밝은 낮이나 혹은 피사체가 있는 방향에 따라서 사진을 촬영하면 종종 역광으로 찍힐 때가 있습니다. 그런 상황에서 사진을 밝게 찍는 방법을 알아봅니다. 먼저 화면의 밝기를 올리기 위해 [더보기]를 터치합니다.

02 이어서 [프로(◉)]를 터치합니다.

03 빛을 조절하기 위해 [ISO]를 찾아 터치합니다.

04 화면의 **바를 스크롤**해 [ISO]의 값을 '3200'으로 설정합니다. 카메라 화면의 초점을 다시 맞추고 [촬영] 버튼을 터치해 사진을 찍습니다.

05 어두운 부분이 밝게 변했음을 확인할 수 있습니다.

자동으로 찍은 역광 사진   빛 설정을 보정한 사진

ISO란 카메라의 빛에 대한 민감도 설정입니다. 즉, 촬영 시 ISO 값을 조절하여 카메라 센서가 받아들이는 빛의 양을 조절하는 겁니다. 밝은 곳에는 ISO 값을 낮게, 어두운 곳에는 ISO 값을 높게 설정하는 것이 적합합니다.

야경 사진 찍기

01 해가 완전히 지면 [카메라] 앱을 실행합니다. 원하는 구도로 야경을 화면에 담고 **[촬영]** 버튼을 터치합니다.

02 빛이 번지거나 노이즈가 낀 지저분한 느낌의 사진이 촬영됐습니다.

03 카메라 화면의 [더보기]를 찾아 터치하고 이어서 [프로(◉)]를 터치합니다.

04 사진의 색감을 조정하기 위해 [WB]를 찾아 터치합니다. **바를 스크롤**하여 [WB]의 값을 '2500'K로 설정합니다.

 [WB]는 화이트 밸런스를 조절하는 설정입니다. 피사체를 직접 눈으로 보는 것과 비슷한 색감이 되도록 설정할 수 있습니다.

05 이어서 셔터스피드를 조절하기 위해 [SPEED]를 찾아 터치합니다. **바를 스크롤**하여 [SPEED]의 값을 '1/60'로 설정합니다.

 [SPEED]는 사진이 찍히는 속도를 뜻합니다. 셔터 속도가 느리다면 많은 빛을 받아 사진이 밝아지고, 셔터 속도가 빨라지면 빛을 적게 받아 어둠 속에서 움직이는 대상을 촬영할 때 좋습니다.

06 이어서 빛과 노이즈를 조절하기 위해 [ISO]를 찾아 터치합니다. 바를 스크롤하여 [ISO]의 값을 '400'으로 설정합니다.

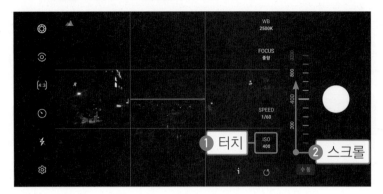

07 카메라 화면의 [촬영] 버튼을 터치합니다. 어둡고 차가운 도시 느낌의 사진이 촬영됐습니다.

01 카메라의 [프로(⊙)] 모드 기능을 한 번씩 터치해 다양한 느낌의 사진을 촬영해 봅니다.

❶ **[ISO]** : 카메라의 빛에 대한 민감도를 설정할 수 있는 기능입니다. 밝고 정적인 배경에는 ISO 값을 낮게, 어둡고 빠른 피사체가 있는 배경에는 ISO 값을 높게 설정하는 것이 적합합니다.

❷ **[SPEED]** : 셔터 속도를 설정하는 기능입니다. 느린 셔터 속도는 많은 빛을 받아 사진이 밝아져 야간 사진을 찍을 때 적합합니다. 빠른 셔터 속도는 빛을 적게 받아 움직이는 대상을 피사체로 정해 촬영할 때 좋습니다.

❸ **[EV]** : 'Exposure Value'의 줄임말입니다. 노출 보정의 기능입니다. 카메라의 노출값을 조절하여 밝게 혹은 어둡게 만들 수 있습니다. [−]는 어둡게 [+]는 화면이 밝게 변합니다.

❹ **[FOCUS]** : 사진의 초점을 맞추는 기능입니다. 자동, 수동으로 초점을 맞출 수 있습니다. 복잡한 배경에 피사체가 많은 곳을 촬영하고 있다면 수동으로 초점을 조정해 주는 편이 좋습니다.

❺ **[WB]** : 'White Balance'의 줄임말입니다. 화이트 밸런스 기능입니다. 낮은 수치는 파랗고 차가운 느낌, 높은 수치는 밝고 따뜻한 느낌으로 색감을 조정할 수 있습니다.

08 여행 사진 편집하기

- [Snapseed] 앱으로 사진 보정하기
- 왜곡된 사진 편집하기
- 사진 설정 변경하기
- 분위기 있게 사진 보정하기

미/리/보/기

멋진 여행 사진을 찍었나요? 그런데 사진들을 확인하다 보면 생각과 다르게 찍힌 사진이 많을 겁니다. 색감이 너무 어둡거나 왜곡되었거나 혹은 여행지의 분위기가 잘 담겨 있지 않는 등 이러한 사진을 보고 있으면 괜히 속상합니다. 이번 장에서는 여행 사진을 내 마음에 들게 편집하는 방법을 배워 사진으로 여행의 기억을 더욱 아름답게 남겨봅니다.

어두운 사진 보정하기

▶ **사진 밝게 보정하기**

01 홈 화면이나 앱스 화면에서 [Snapseed(🌿)] 앱을 터치하여 실행합니다. 기기 허용 선택 창
이 나타나면 [허용]을 터치하고 빈 화면을 터치합니다.

02 사진 목록 창의 ⋮을 터치한 후 [찾아보기] 버튼을 터치합니다. 최근 화면이 나타나면 [갤
러리] 앱을 터치합니다.

109

03 [갤러리] 앱의 항목 선택 화면에서 최근 **앨범**을 **터치**해 보정을 원하는 **어두운 사진을 터치**합니다.

04 화면 하단의 **[도구]**를 터치합니다. 이어서 **[기본 보정]**을 선택하고 ⚏을 터치합니다.

잠깐

사진을 잘못 선택했다면 좌측 하단의 ⊠를 터치하고 [열기]를 터치해 사진을 다시 불러옵니다.

05 보정 선택 창이 나타나면 [밝기]를 선택합니다. 화면 상단의 슬라이드 바를 우측으로 스크롤하여 값을 [+80]으로 설정합니다.

06 이어서 ⚏를 터치하고 보정 선택 창에서 [대비]를 선택합니다. 화면 상단의 슬라이드 바를 우측으로 스크롤하여 값을 [+40]으로 설정합니다.

07 이어서 ⊞를 **터치**하고 보정 선택 창에서 **[채도]를 선택**합니다. 화면 상단의 슬라이드 바를 우측으로 **스크롤**하여 값을 **[+60]으로 설정**합니다. 모든 보정을 완료했다면 ☑를 **터치**합니다.

08 보정한 사진과 원본 사진을 비교하기 위해 화면 상단의 ◈을 **터치**합니다. 선택 창에서 **[수정 단계 보기]를 선택**합니다.

보정한 사진을 맨 처음으로 되돌리고 싶다면 선택 창에서 [실행취소] 혹은 [되돌리기]를 선택합니다.

09 우측 하단의 [원본], [기본 보정]을 번갈아 터치합니다. 보정한 화면을 원본과 비교하며 확인한 후 ←을 터치해 되돌아갑니다.

▶ 사진 저장하기

01 보정한 사진을 저장하기 위해 [내보내기]를 터치합니다. 선택 창에서 [다른 폴더로 내보내기]를 선택하고 다운로드 화면에서 ⊡을 터치합니다.

02 [새 폴더] 창이 나타나면 **폴더 이름을 입력**하고 [확인]을 **터치**합니다. 폴더에 저장할 **사진의 이름도 입력**한 후 [저장] 버튼을 **터치**합니다.

03 사진이 저장되면 하단에 [사진 저장됨] 메시지가 나타납니다. **[보기]를 터치**하면 [갤러리] 앱에서 사진을 확인할 수 있습니다.

 사진 저장하기는 [저장], [내보내기]를 터치하면 보정 사진이 그대로 갤러리에 저장됩니다.

04 새로 만든 폴더에서 저장된 사진을 확인하기 위해 **홈 화면이나 앱스 화면에서 [내 파일(📁)]을 터치하여 실행**한 후 **[다운로드]를 터치**합니다. 파일 다운로드 목록에서 **[수정한 사진] 폴더를 터치**합니다.

05 폴더에 저장했던 사진을 찾을 수 있습니다. **사진을 터치**하고 연결 프로그램 창에서 **[갤러리]-[한 번만]을 터치**합니다. [갤러리] 앱 화면에서 저장한 사진을 확인할 수 있습니다.

▶ 설정 변경하여 저장하기

01 설정을 변경해 저장하기 위해 상단의 ⋮을 터치합니다. [설정]을 터치하고 설정 화면에서
[형식 및 품질]을 선택합니다.

02 형식 및 품질 창에서 [PNG]를 선택합니다. [PNG]로 설정이 변경된 것을 확인하고 ←을
터치해 되돌아갑니다.

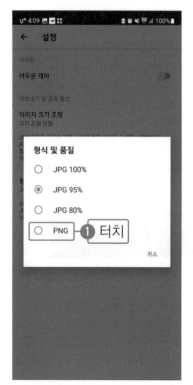 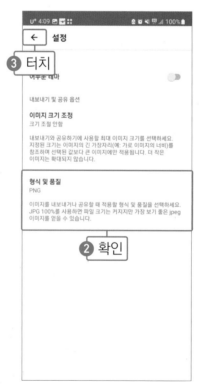

03 화면 하단의 [내보내기]를 터치하고 이어서 [다른 폴더로 내보내기]를 터치합니다. 변경을 원하는 이름으로 **폴더명을 입력**한 후 [저장] 버튼을 터치합니다.

 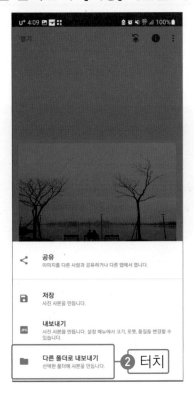 

04 사진 저장됨 메시지가 나타나면 [보기]를 터치해 [갤러리] 앱을 실행합니다. 상세정보를 확인하기 위해 **화면을 위로 스크롤**합니다. 사진의 설정이 변경된 것을 확인할 수 있습니다.

 [설정]에서는 [형식 및 품질] 변경뿐만 아니라 테마와 이미지 크기 변경까지 가능합니다.

01 [Snapseed] 앱을 실행합니다. 빈 화면을 터치하고 ⋮를 터치한 후 이어서 [찾아보기] 버튼을 터치합니다.

02 다운로드 화면의 ≡을 터치하고 다음에서 열기 창이 나타나면 [갤러리] 앱을 선택합니다. 항목 선택 화면에서 보정을 원하는 **사진을 찾아** 터치합니다.

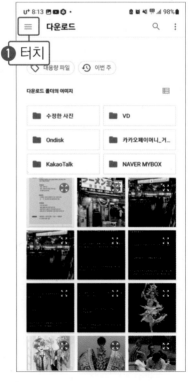

03 화면 하단의 [도구]를 터치한 후 이어서 [원근 왜곡]을 선택합니다. 화면의 격자선에 맞춰 피사체의 수평과 수직을 맞추고 **왜곡된 부분을 조정**합니다.

04 사진 보정이 끝나면 ☑을 **터치**합니다. 보정이 완료된 사진을 다시 한번 확인하고 상단의 🔁을 **터치**합니다. 선택 창이 나타나고 [수정 단계 보기]를 **터치**합니다.

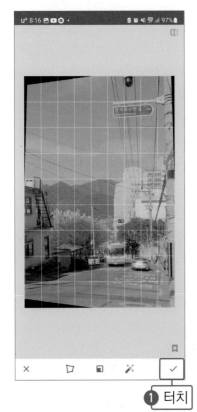

05 [원본]과 [원근 왜곡] 버튼을 한 번씩 터치해 비교합니다. 보정이 마음에 든다면 ←을 터치해 이전으로 돌아가고 사진을 저장하기 위해 [내보내기]를 터치합니다.

06 선택 창이 나타나면 [저장]을 터치합니다. 화면 하단에 [사진 저장됨] 메시지가 나타나고 확인을 위해 [보기]를 터치합니다.

07 저장된 사진은 [갤러리] 앱의 [Snapseed] 앨범에서 확인할 수 있습니다. [Snapseed] 앨범을 터치합니다. 보정 사진이 나타납니다.

08 사진을 살펴보고 위의 방법을 반복해서 마음에 드는 멋진 사진을 만들어 보세요.

드라마틱한 사진으로 보정하기

01 [Snapseed] 앱을 실행합니다. 빈 화면을 터치해 [갤러리] 앱에서 보정을 원하는 사진을 불러온 후 화면 하단의 [도구]를 터치합니다.

02 이어서 [HDR Scape(🔼)]를 터치합니다. 화면의 슬라이드 바를 **우측으로 드래그**해 필터 강도를 [+61]로 설정합니다. 설정을 완료했으면 ✓를 터치합니다.

03 [HDR Scape()] 효과가 적용되어 배경과 노란색 나무의 색감이 돋보이는 사진으로 보정되었습니다. 보정이 완료되면 화면 하단의 **[내보내기]**를 터치한 후 **[저장]**을 터치합니다.

잠깐

필터 강도는 꼭 [+61]이 아니어도 괜찮습니다. 사진이 가장 멋지게 느껴지는 정도로 자유롭게 값을 설정해 봅니다.

04 원본 사진으로 되돌려 새로운 보정을 진행하기 위해 상단의 을 **터치**합니다. 선택 창이 나타나면 **[되돌리기]**를 **터치**하고 확인 창에서 한 번 더 **[되돌리기]**를 **터치**합니다.

05 원본 사진으로 돌아갑니다. [도구]를 터치하고 이어서 [드라마(☁)]를 선택합니다. 화면 상단의 슬라이드 바를 우측으로 스크롤해 [+90]으로 설정하고 하단의 [어둡게2]를 터치합니다. 보정이 끝나면 ☑를 터치합니다.

06 저장하기 위해 화면 하단의 [내보내기]를 터치하고 이어서 [저장]을 터치합니다.

07 [갤러리] 앱에서 보정한 사진을 확인해 봅니다.

원본 사진

[HDR Scape]로 보정된 사진

[드라마]로 어둡게 보정된 사진

01 [드라마]로 밝은 사진을 어둡게 보정해 봅니다.

02 [스타일]로 사진을 분위기 있게 보정해 봅니다.

09 특수 촬영하기

- 삼각대 활용하기
- 셀카봉 활용하기
- 블루투스 리모컨 활용하기
- 타이머 촬영하기
- 파노라마 사진 촬영하기
- 아웃포커스 모드로 초점 맞춰 촬영하기

미/리/보/기

과거에는 전문 카메라로만 가능했던 특수한 촬영을 최근에는 스마트폰 카메라로도 재현할 수 있게 되었습니다. 이번 장에서는 삼각대, 셀카봉 등 도구를 이용해 카메라를 촬영하는 방법을 알아봅니다. 또한 패닝샷, 파노라마, 아웃포커스 등 여러 기법으로 독특하고 느낌 있는 사진을 촬영하는 방법을 배워봅니다.

▶ 삼각대 활용하기

● 삼각대는 카메라를 고정하기 위한 3개의 다리를 가진 지지대입니다. 보통 사진 촬영 시 카메라의 흔들림을 막기 위한 목적과 더불어 단체 사진을 찍을 때 주로 사용하며 요즘에는 셀카봉 겸용 삼각대를 많이 사용합니다. 삼각대의 사용 방법을 알아보겠습니다.

● 거치대에 스마트폰을 장착하여 촬영합니다. 카메라 화면을 통해 수평을 확인하고 피사체와의 각도와 높이를 알맞게 조절해 최적의 구도를 찾습니다.

 삼각대는 굴곡진 바닥이나 울퉁불퉁한 곳보다 평평한 바닥을 찾아 놓는 것이 가장 좋습니다.

▶ 셀카봉 활용하기

● 셀카봉은 긴 막대 끝에 스마트폰을 장착해 손에 들고 편하게 촬영할 수 있는 도구입니다. 삼각 대보다 높고 넓은 화면을 촬영할 수 있으며 셀카를 쉽게 찍을 수 있습니다.

● 셀카봉의 거치대에 스마트폰을 장착하고 높이를 조절하여 촬영합니다. 손으로 들고 촬영하는 것보다 넓은 화면을 촬영할 수 있습니다.

▶ 블루투스 리모컨 사용하기

01 삼각대나 셀카봉을 이용해 사진 촬영 시 찰나의 순간을 기록하고 싶을 땐 타이머보다 블루투스 리모컨이 더 유용하게 사용됩니다. 먼저 **셀카봉이나 삼각대에 장착되어있는 블루투스 리모컨을 분리**합니다.

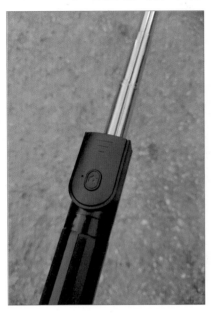 

02 **리모컨의 버튼을 2~3초간 길게 눌러**줍니다. 리모컨이 켜지면 불빛이 들어와 켜진 상태를 확인할 수 있습니다.

잠깐

셀카봉이나 삼각대를 구매할 때는 반드시 블루투스 리모컨 촬영이 가능한 제품으로 구매해 주세요.

03 홈 화면에서 **알림창을 아래로 스크롤**해 [블루투스(📶)]를 터치합니다. 블루투스 화면이 나타나면 [연결 가능한 기기] 영역에 리모컨이 검색되고 **리모컨 기기를 터치**합니다. 블루투스 연결 요청 창에서 [등록]을 터치합니다.

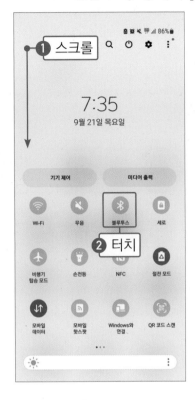

04 블루투스 화면에서 리모컨 기기가 [등록된 기기]로 상태가 변경된 걸 확인할 수 있습니다. 이제 리모컨을 이용해 자유롭게 촬영합니다.

▶ 타이머 활용하기

01 [카메라] 앱을 실행한 후 **카메라 화면의 ◉를 선택**합니다. **[촬영] 버튼을 터치**하면 설정한 타이머에 맞춰 촬영이 진행됩니다.

▶ 연속 사진 활용하기

01 카메라 화면에서 ⚙을 터치합니다. 카메라 설명 화면이 나타나면 **[촬영 버튼 밀기]를 선택**하고 이어서 **[고속 연속 촬영]을 터치**한 후 ⑨을 터치합니다.

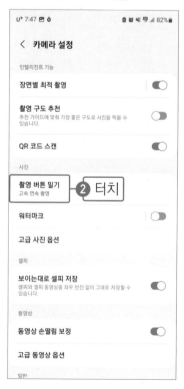

02 카메라 화면의 [촬영] 버튼을 길게 터치합니다. 연속 촬영이 진행되며 [촬영] 버튼에 사진의 개수가 표시됩니다. 화면에서 손가락을 떼면 연속 **촬영**이 종료됩니다.

길게 터치

03 [갤러리] 앱을 **터치**하고 앨범에서 연속 촬영한 사진을 찾습니다. 사진 한 장에 여러 장의 사진이 함께 포함되어 있습니다. 하단의 [🔲 23]를 **터치**합니다.

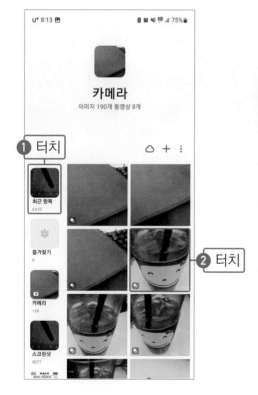

❶ 터치

❷ 터치

❸ 터치

04 연속 촬영 사진들이 화면에 나타납니다. 화면 하단의 ◉을 터치하면 해당 사진을 공유 및 **삭제**할 수 있습니다.

❶ 터치

❷ 확인

05 위의 방법을 반복해 풍경 사진을 연속 촬영하고 마음에 드는 사진을 저장해 봅니다.

01 [카메라] 앱을 실행하고 [더보기] 버튼을 터치합니다. 이어서 [프로()]를 선택합니다.

> 잠깐
> 패닝샷이란 고정되지 않은 움직이는 피사체를 촬영할 때 피사체는 고정한 채 배경화면이 움직이는 것처럼 촬영하는 사진 기법 중 하나입니다.

02 [SPEED]를 찾아 터치합니다. 하단의 바를 우측으로 스크롤하여 값을 '1/60'로 설정하고 [촬영] 버튼을 터치합니다. 생동감 있고 멋진 패닝샷이 연출됩니다.

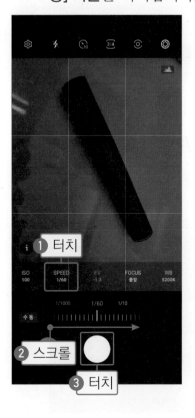

ⓔ 파노라마 사진 찍기

01 [카메라] 앱을 실행하고 하단의 [더보기] 버튼을 터치합니다. 이어서 [파노라마()]를 터치합니다.

> 💡 **잠깐**
>
> 파노라마 사진이란 360˚ 방향의 모든 경치를 담아내는 사진 촬영 기법입니다. 세로 화면으로 최대한 흔들리지 않게 주의해 카메라를 이동하면 멋진 파노라마 사진이 완성됩니다.

02 [촬영] 버튼을 터치한 후 화면 중앙의 촬영 화면을 확인해 원하는 방향으로 천천히 카메라를 이동합니다.

03 멋진 파노라마 사진이 촬영됐습니다.

04 아웃포커스 사진 찍기

01 삼성 스마트폰의 기본 카메라에는 포커스 설정이 자동으로 되어있습니다. [카메라] 앱을 **실행**한 후 촬영하고 싶은 풍경을 화면에 담아냅니다.

02 포커스를 맞추고 싶은 **피사체를 터치**합니다. 가 피사체 테두리에 나타나면서 선명한 초 점이 맞춰집니다. 피사체에 멀리 있는 부분은 자연스럽게 초점이 흐려집니다.

03 이번에는 반대로 **노란 나뭇잎을 터치**해 봅니다. 『 』가 피사체 테두리에 선명한 초점이 맞춰집니다. 반대편의 갈색 나뭇잎 부분은 자연스럽게 초점이 흐려집니다.

💡 **잠깐**   아웃포커스 사진이란 초점을 맞춘 부분은 선명하고 나머지 부분은 흐릿하게 하는 아웃포커싱 효과를 담은 사진입니다. 강렬한 인상을 남기고 싶은 사진에 적용하면 좋습니다.

04 더욱 강하게 포커스를 맞추고 싶다면 [인물 사진]을 터치합니다. 화면 모서리의 [블러(◎)]를 터치합니다.

05 화면 우측 [효과 강도]의 값을 끝까지 스크롤해 올려줍니다.

138

06 화면에서 **노란 나뭇잎을 터치**합니다. 피사체 주변으로 동그랗고 하얀 테두리가 생기며 초점이 맞춰집니다. 기본 사진보다 더욱 선명합니다.

07 다시 반대로 **갈색 나뭇잎을 터치**합니다. 갈색 나뭇잎은 선명해지고 주변은 더욱 흐릿해 집니다. **[촬영] 버튼을 터치**합니다.

08 [기본 사진]과 [인물 사진]으로 촬영한 사진을 각각 저장하여 비교해 봅니다.

기본 사진   인물 사진

응용력 키우기

01 카메라 설정에서 타이머를 설정하여 사진을 촬영해 봅니다.

02 카메라 설정에서 연사 모드를 설정해 사진을 촬영해 봅니다.

10 여행 정리하기

- [트라비포켓] 앱으로 여행 경비 기록하기
- 여행 경비 정산하고 기록하기
- 친구에게 여행 사진 공유하기
- 좋아하는 여행 사진 인화하기

미/리/보/기

예산은 여행 계획에 가장 중요한 부분입니다. 나의 예산 상황에 맞춰 일정을 계획하면 쓸데

없는 지출을 막을 수 있습니다. 때문에 완벽한 여행을 원한다면 세세하게 여행 경비를 기록

하고 정산해야 합니다. 이번 장에서는 여행 경비 작성에 도움을 주는 앱을 살펴보고 여행 중

찍은 사진을 친구들과 공유하는 방법을 알아봅니다.

여행 경비 정산하기

▶ 예산 설정하기

01 홈 화면이나 앱스 화면에서 [트라비포켓(○)] 앱을 터치하여 실행합니다. 로그인 화면이 나타나면 [새로운 계정 만들기]를 터치합니다.

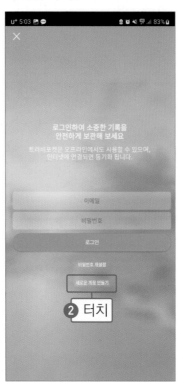

02 이어서 계정 만들기 화면이 나타나고 **사용 중인 이메일 주소와 원하는 비밀번호를 입력**한 후 [새로운 계정 만들기] 버튼을 터치합니다.

 비밀번호는 다른 사람이 추측할 수 없는 6자 이상의 문자 또는 숫자를 조합하여 만드세요.

03 홈 화면 하단의 [새 여행 만들기] 버튼을 터치합니다. 여행할 나라를 선택해 주세요 화면에서 위·아래로 스크롤하여 '대한민국'을 찾아 터치하고 [완료] 버튼을 터치합니다.

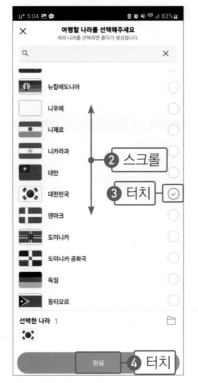

여행할 나라는 검색란을 이용해서도 찾을 수 있습니다.

04 여행프로필 화면에 [여행 국가]와 [여행일], [화폐&예산]에 대한 항목이 나타납니다. 여행 프로필 제목을 수정하기 위해 **국가명의** **를 터치**합니다.

[커버 사진 변경하기]를 터치하면 [여행프로필]의 이미지를 변경할 수 있습니다.

05 여행 제목을 입력해주세요 창이 나타나면 원하는 **여행 제목을 입력**한 후 **[확인]을 터치**합니다. [여행프로필]의 제목이 수정되었습니다.

06 이어서 [여행일]을 설정하기 위해 **[시작일 입력하기] 버튼을 터치**합니다. 화면에 달력이 나타나고 **여행 시작일을 찾아 선택**한 후 **[확인]을 터치**합니다. [종료일] 역시 동일한 방법으로 설정합니다.

07 마지막으로 [화폐 & 예산] 버튼을 터치하고 화폐 & 예산 화면이 나타나면 [KRW]를 터치합니다. 이어서 [+ 예산 금액 추가] 버튼을 터치합니다.

08 여행 예산 금액을 입력하고 [저장] 버튼을 터치합니다. 예산 화면에서 입력한 금액을 확인하고 ←를 터치해 여행 프로필 화면으로 되돌아갑니다.

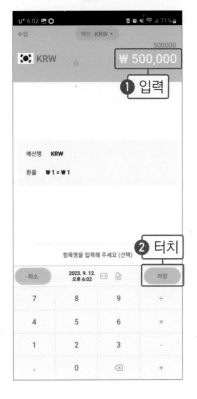
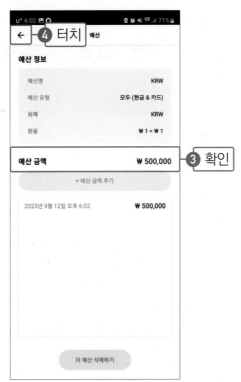

09 [여행프로필] 항목을 다시 한번 확인하고 [완료] 버튼을 터치합니다. 트라비 포켓 홈 화면에 '부산 1박2일 여행' 폴더가 생성되었습니다.

> 💡 **잠깐**
> 해외여행 경비도 위의 방법과 동일하게 [여행 국가]와 [화폐&예산]을 설정해 [여행프로필]을 등록할 수 있습니다.

▶ 예산 입력하기

01 ✏를 터치합니다. 예산 입력 화면이 나타나면 [현금(📷)]과 [카드(💳)]중 지출 내역의 결제 수단을 선택하고 지출 부분을 터치합니다.

02 항목명 입력란을 터치해 'ktx 왕복표'라고 입력하고 이어서 비용을 입력한 후 [저장] 버튼을 터치합니다. 예산 항목에 지출 목록이 나타납니다.

잠깐

예산 항목에 이미지 추가하기

❶ 이미지를 추가할 항목을 터치합니다.

❷ 🖼를 터치하고 Choose 창이 나타나면 [Gallery(🖼)]를 터치합니다.

❸ 갤러리에서 원하는 사진을 선택한 후 ✓을 터치합니다. 사진 설정이 완료되었습니다.

❹ ←을 터치해 홈 화면으로 돌아가면 목록에 삽입된 사진을 확인할 수 있습니다.

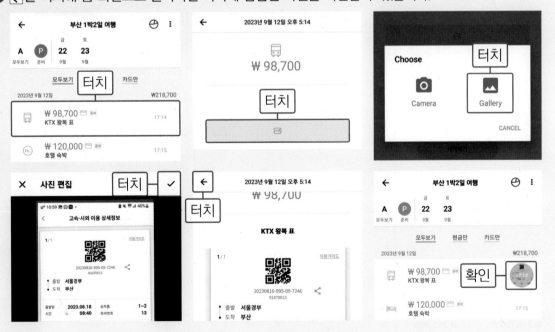

03 위와 같은 방법으로 나머지 여행 경비도 전부 등록합니다. 화면 상단의 [모두보기(A)]를 터치하면 등록한 지출 내역을 한눈에 확인할 수 있습니다.

잠깐

[현금만], [카드만]을 터치하면 지불 장식에 따른 항목만 분류 되어 나타납니다.

▶ 여행 경비 공유하기

01 공유하고 싶은 **여행 예산 및 경비 목록을 캡처**한 후 화면 하단의 <을 터치합니다. 항목 창 이 나타나면 [카카오톡] 앱을 터치합니다.

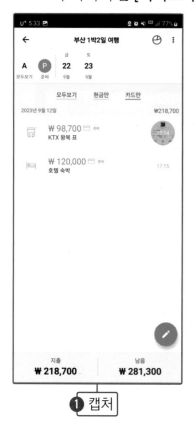

❶ 캡처

❷ 터치

❸ 터치

02 [카카오톡] 앱이 실행되고 공유 대상 선택 화면이 나타납니다. **공유 대상을 터치**하고 [확인]을 터치하면 채팅방으로 **캡처한 사진이 전송**됩니다.

02 여행 사진 공유하기

01 홈 화면이나 앱스 화면에서 [갤러리] 앱을 실행한 후 여행 사진이 있는 **앨범을 터치**합니다.

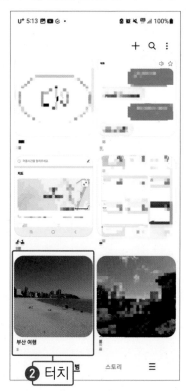

02 항목 선택 화면이 나타나면 **공유를 원하는 사진들을 선택**하고 [공유(◁)] 버튼을 터치합
니다.

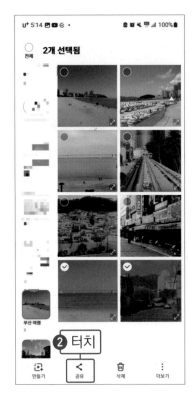

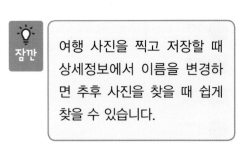

여행 사진을 찍고 저장할 때 상세정보에서 이름을 변경하면 추후 사진을 찾을 때 쉽게 찾을 수 있습니다.

03 항목 창이 나타나면 [카카오톡] 앱을 터치합니다. 공유 대상 선택 화면에서 여행 사진 공유
를 원하는 상대를 터치한 후 [확인]을 터치합니다.

04 채팅방에 사진이 공유됩니다. 이어서 공유한 여행 사진을 다른 친구에게도 보내기 위해
사진의 ◉을 터치합니다. 전달하기 창이 나타납니다.

05 사진을 전달할 대상을 쉽게 찾기 위해 ☰Q을 **터치합니다.** 전달 대상 선택 화면이 나타나면
화면을 위 · 아래로 스크롤해 찾아 터치한 후 [확인]을 **터치합니다.**

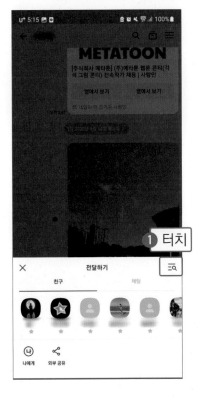

06 화면 상단에 '채팅방에 미디어를 전달하였습니다.' 라는 메시지와 함께 채팅방에 사진이 공유되었습니다.

 잠깐 화면 상단에 메시지가 나타나면 [채팅방 이동]을 터치해 상대의 채팅방으로 사진이 잘 전달되었는지 확인할 수 있습니다.

03 여행 사진 인화하기

01 홈 화면이나 앱스 화면에서 [찍스(📷)] 앱을 터치하여 실행합니다.

 잠깐 [찍스] 앱이 설치되어 있지 않으면 [Play 스토어]에서 '사진인화'로 검색하여 검색 목록 중 [찍스] 앱을 터치해 설치합니다.

02 앱의 홈 화면에서 [일반사진] 영역의 **[주문하기]** 버튼을 터치합니다. 일반 사진 화면이 나타나면 **[사이즈 고르기]** 버튼을 터치합니다.

03 일반사진 사이즈 화면에서 **사진 인화를 원하는 사이즈를 선택**하고 [다음] 버튼을 터치합니다. 사진 선택 화면에서 **원하는 여행 사진을 선택**한 후 [장바구니에 담기] 버튼을 터치합니다.

04 일반사진 장바구니 화면에서 **인화할 사진의 코팅을 선택**하고 [전체 설정] 버튼을 터치합니다. 전체 설정 창이 나타나면 **사진에 추가하고 싶은 항목을 선택**해 설정합니다.

05 설정이 완료되면 [전체 적용] 버튼을 터치합니다. 전체 설정이 추가된 사진 중 일부 설정을 변경하고 싶다면 해당 사진의 우측 영역에서 바꿀 수 있습니다.

 같은 사진이라도 크기 및 설정을 변경하면 다른 분위기의 느낌을 줄 수 있습니다.

06 이어서 인물 및 풍경 사진의 편집은 [인화영역편집(□)]을 터치합니다. 인화영역 편집 화면에서 **핀치줌으로 인화할 영역을 설정**한 후 [완료]를 터치합니다.

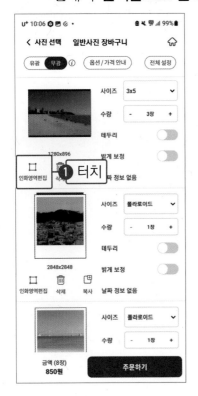

핀치 줌
두 손가락 끝으로 화면을 길게 터치한 채 벌리거나 오므려 화면을 확대 및 축소할 수 있습니다. 두 손가락을 벌리면 화면이 확대, 오므리면 축소됩니다.

07 주문내역 창이 나타나면 사진 인화 가격을 확인하고 [다음으로] 버튼을 터치합니다. 모든 설정이 완료되었다면 [주문하기] 버튼을 터치합니다.

비회원으로 [주문하기] 버튼을 터치하면 로그인 화면이 나타납니다. [로그인하지 않고 주문하기]가 가능하지만, 주문내역 및 배송 현황을 빠르게 확인하기 어려워 [회원가입] 후 주문을 진행하는 것을 권장합니다.

08 주문/결제 화면이 나타나면 **화면을 위로 스크롤**해 [배송지 정보] 영역에서 **배송지를 입력**한 후 **[다음으로]** 버튼을 터치합니다.

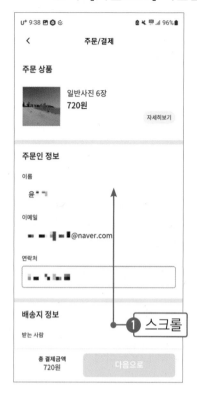
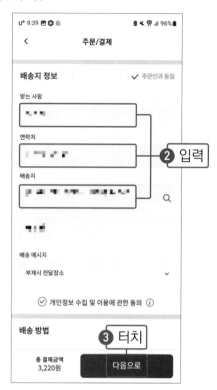

09 [배송 방법] 영역에서 **원하는 수취 방법을 선택**합니다. **화면을 위로 스크롤**해 [결제 방법]을 선택하고 **[다음으로]** 버튼을 터치해 결제를 완료합니다.

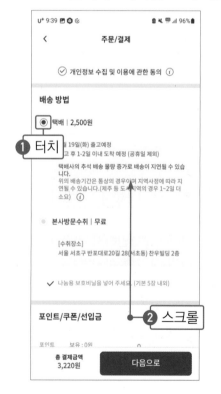

01 [트라비포켓(◎)] 앱에서 '겨울 여행'이라는 여행 프로필을 만들어 봅니다.

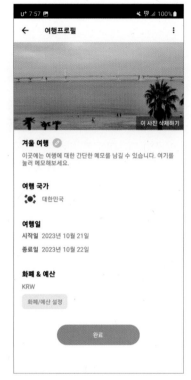

02 [갤러리(✷)] 앱에서 여행 사진을 선택해 '겨울여행' 스토리 앨범을 만들어 봅니다.

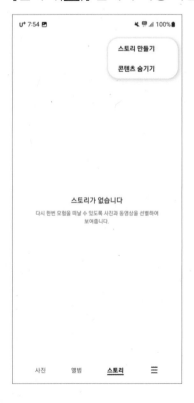
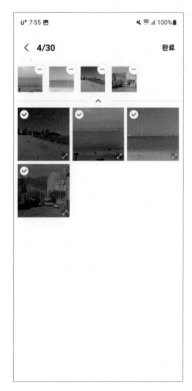

MEMO

할 수 있다!

스마트폰을 활용한 여행 즐기기

초 판 발 행	2023년 11월 10일
발 행 인	박영일
책 임 편 집	이해욱
저 자	윤찬혜
편 집 진 행	성지은
표지디자인	김도연
편집디자인	김지현
발 행 처	시대인
공 급 처	(주)시대고시기획
출 판 등 록	제 10-1521호
주 소	서울시 마포구 큰우물로 75 [도화동 538 성지 B/D] 6F
전 화	1600-3600
홈 페 이 지	www.sdedu.co.kr

I S B N	979-11-383-6179-8(13000)
정 가	12,000원

시대인은 종합교육그룹 (주)시대고시기획 · 시대교육의 단행본 브랜드입니다.